MUSULMANS ET CHRÉTIENS

NOTES SUR LA GUERRE

DE

L'INDÉPENDANCE

GRECQUE

PAR

ALFRED LEMAITRE

---><o<---

PARIS
LIBRAIRIE G. MARTIN
126, FAUBOURG SAINT-HONORÉ

1895

NOTES SUR LA GUERRE
DE
L'INDÉPENDANCE
GRECQUE

COULOMMIERS

Imprimerie PAUL BRODARD.

MUSULMANS ET CHRÉTIENS

NOTES SUR LA GUERRE

DE

L'INDÉPENDANCE

GRECQUE

PAR

ALFRED LEMAITRE

———⋈⋈⋈———

PARIS
LIBRAIRIE G. MARTIN
126, FAUBOURG SAINT-HONORÉ
—
1895

AVANT-PROPOS

La situation actuelle de l'empire ottoman a de frappantes analogies avec celle que lui créa l'insurrection héllénique. Jamais l'histoire ne s'est plus exactement répétée. De même qu'à l'époque des Hypsilanti, des Karavia et des Soutzo, quelques agitateurs sont parvenus aujourd'hui à troubler une région paisible, à faire naître un levain de haines et de fureurs au milieu de populations qui, divisées au seul point de vue religieux, ont vécu côte à côte pendant plusieurs siècles avec des habitudes presque identiques.

Les nouvelles d'Orient publiées par le *Times* et le *Daily News*, — nouvelles de la dernière heure, — ne sont qu'une réédition, inconsciemment faite, je pense, des dépêches, des correspondances terrifiantes qui soulevèrent, il y a soixante ans, « l'indignation de l'Europe tout entière contre les ennemis de la Croix ». Comme à présent, une nation chrétienne allait, disait-on, succomber aux violences de musulmans fanatisés; comme à présent, certains publicistes ne trouvaient pas d'injures trop fortes à l'adresse du Sultan et les « puissances » combinaient également une action collective « pour faire cesser l'effusion du sang dans le Levant!... » Le comité révolutionnaire *Hintchak* est une copie marquée de *l'Hétairie*, et ceux qui veulent avoir des renseignements précis au sujet de la nouvelle association n'ont qu'à se procurer une brochure intitulée : *La rébellion arménienne* [1]. Après l'avoir lue, à moins d'être de mauvaise foi ou affligé d'un entêtement, par bonheur assez rare, il est impossible de ne pas reconnaître que les « affaires d'Asie-Mineure » nous sont présentées sous un jour absolument faux. L'auteur de cette étude, en effet, a, sur les soi-disant correspondants des journaux anglais, un double avantage : il a vu de près Arméniens et Kurdes et nul ne pourrait le soupçonner sans absurdité d'être à la solde d'un parti!

« Tant plus ça change, tant plus c'est la même chose »; jamais la justesse de cette réflexion burlesque ne sera mieux prouvée que par la tartufferie internationale qui, périodiquement, saisit comme prétexte la sauvegarde « d'infortunés chrétiens » pour tenter d'arracher à l'empire ottoman ses plus belles provinces!...

Et combien ridicule on le trouve ce prétexte en remettant les choses au point. Intervertissons les rôles par exemple ; supposons les états d'Abdul Hamid parfaitement tranquilles tandis que des troubles éclatent en Kabylie ou dans le massif du Djurdjura; voit-on le Khalife sommant M. Félix Faure, sous menace de destitution, d'arrêter tout désordre dans les quarante-huit heures! Quel immense

---

1. *La rébellion arménienne, son origine, son but,* par le comte R. des Coursons, librairie du service central de la Presse, 1895.

éclat de rire accueillerait chez nous une injonction pareille, et cependant c'est un langage aussi insensé que tiennent en ce moment au Commandeur des Croyants, six ou sept puissances (peut-être huit), auxquelles on est étonné de n'avoir pas vu se joindre encore le Nicaragua, Saint-Domingue, la république d'Andorre et la principauté de Monaco!....
Voyons, n'est-elle pas écœurante de mauvaise foi, cette comédie pseudo-humanitaire, jouée au nom des victimes du fanatisme; de ces étranges martyrs qui, munis d'armes de précision importées d'Angleterre, ont tiré à l'improviste sur des voisins confiants dont la plupart n'avaient pour se défendre que des fusils à pierre et des sabres rouillés!....
Qu'importe, n'est-ce pas? il y a lutte entre musulmans et chrétiens; la Question d'Orient est donc rouverte et les flottes européennes mettent le cap sur les Dardanelles; on reparle du démembrement de la Turquie!...

. . . .

Que résultera-t-il de la manifestation présente; quelles surprises nous réserve le nouveau « concert européen », concert étonnant en vérité, où l'on ne sait qui des exécutants joue le plus faux. Il y a là une « inconnue » que lord Salisbury lui-même, si versé soit-il dans l'algèbre diplomatique, est incapable de dégager. Allez donc pronostiquer quelque chose quand vous voyez sur le point de s'enchevêtrer la duplicité russe, l' « emballement » français, et la brutale mauvaise foi des hommes d'état britanniques, servilement copiés par les polichinelles du gouvernement italien! Non, le plus perspicace ne saurait rien dire aujourd'hui qui ne soit presque à coup sûr démenti demain. Il est probable cependant que, grâce à la sagesse d'Abdul Hamid, les nuages amoncelés au-dessus du Bosphore se dissiperont sans orage. Ce qu'on peut affirmer, par exemple, c'est que si la tourmente est évitée une fois encore, elle n'en éclatera pas moins, terrible, avant peu d'années. Stamboul est trop tentante pour les peuples de proie qui la convoitent et, d'un autre côté, le monde musulman commence à être bien las des dénis de justice et des spoliations qu'il subit depuis si longtemps.

25 novembre 1895.

PRÉFACE

Musulmans et chrétiens ! ce titre appliqué à quelques pages d'histoire contemporaine semble bien prétentieux ; aussi n'est-ce pas le résumé d'une insurrection, si retentissante qu'elle fût, ni l'appréciation des personnalités évoquées par son nom qui me l'a fait adopter. En le choisissant, j'ai voulu me ranger parmi ceux qui cherchent à détruire le tissu de mensonges et de préjugés à travers lequel tant de gens instruits regardent encore le combat millénaire du monde musulman et de la chrétienté. La guerre de l'indépendance grecque, sans être un des épisodes les plus importants de cette interminable lutte, en fait comprendre mieux que tous les autres le véritable caractère. Grâce aux nombreux documents concernant les héros hellènes, on peut en effet reconstituer par analogie les exploits qui firent la gloire des chevaliers francs en Palestine et des émules du Cid en Andalousie. Ces documents, ainsi qu'on le verra plus loin, sont très souvent contradictoires, pleins de déclamations, de phrases ampoulées; mais le fond n'en varie guère. Une étude suivie permet donc de rétablir sous leur vrai jour les scènes principales de ce drame sanglant dont le dernier acte est le forfait de Navarin.

Pour se croire le droit d'appeler « forfait » une action navale considérée par presque tous comme une des journées glorieuses de notre marine, il faut avoir eu la patience de lire avec soin et souvent entre les lignes, une quantité de volumes difficiles à se procurer, et surtout de correspondances et de rapports officiels dont on obtient rarement la communication. C'est à ceux-ci que j'ai eu recours chaque fois qu'un fait, si secondaire semblât-il, pouvait donner lieu à une double interprétation. Presque toujours j'ai trouvé quelque passage ayant trait à ma recherche, et je le regardais comme concluant, car il va de soi qu'on ne peut hésiter entre les jugements portés par des hommes comme l'amiral de Rigny, les commandants Pujol et des Rotours, le capitaine Blanc, et les élucubrations d'un Pouqueville, par exemple! J'ai multiplié les citations afin qu'on ne taxât pas mon travail d'œuvre de fantaisie et qu'on ne pût m'accuser de partialité. On dira peut-être que je n'ai fait autre chose qu'une sorte de compilation : soit; j'accepte d'avance cette remarque, préférant de beaucoup être soupçonné d'impuissance littéraire que de mauvaise foi.

Voici, en dehors des archives du Ministère de la marine, les principaux ouvrages dans lesquels ont été puisés les éléments de celui-ci :

La station du Levant, par l'amiral Jurien de la Gravière.
Histoire de l'Empire ottoman depuis Lépante jusqu'à Navarin.
Histoire de l'Empire ottoman, par Juchereau de Saint-Denys.
History of Greece, par Finlay.
The life, letters and journals of lord Byron, par Thomas Moore.
Histoire de la régénération de la Grèce, par Pouqueville.
Scènes et récits de la guerre de l'Indépendance, par Yéméniz.
Les révolutions de la Grèce, par Edmond Texier.
Histoire de la révolte des janissaires, traduit du turc par Caussin de Perceval.
Essai historique sur l'état des Grecs depuis la conquête musulmane, par Villemain.
Soliman-Pacha, par Aimé Vingtrinier.
Navarin, par le général Bogdanovitch.
Batailles navales de la France, par O. Troude.
Histoire de Turquie, par Lamartine.
History of the Greek Revolution, par Gordon.
Turkey, par Stanley Lane Poole.
Mémoires historiques et militaires, par Jourdain.

NOTES SUR LA GUERRE
DE
L'INDÉPENDANCE
GRECQUE

CHAPITRE PREMIER

LES PHILHELLÈNES

Lorsque l'image de Napoléon cessa de troubler le sommeil de Sa Majesté Louis XVIII et de ses nobles alliés, un grand calme se fit dans le monde et chacun éprouva une sensation étrange, une sorte d'inquiétude maladive qui, surtout en France, imprima un cachet tout particulier à cette génération dont firent partie les fouriéristes, les enthousiastes des journées de juin, les romantiques et les philhellènes. Ce fut, chez tous, quelque chose d'analogue à l'impression que produirait un silence de mort succédant tout à coup à une canonnade incessante de plusieurs jours, à laquelle l'oreille s'est habituée. On eût dit qu'on respirait une atmosphère nouvelle. En quelques semaines la vie avait changé d'aspect, et des milliers de jeunes gens, presque tous fils ou neveux de soldats, n'ayant plus l'espoir de dépenser leur trop-plein d'énergie sur les champs de bataille, se lancèrent à corps perdu vers tout ce qui pouvait satisfaire leur instinct de combativité.

A ce moment, avec lord Byron surgissait une littérature étrange, exaltée et qui enthousiasmait un public fatigué de l'insipide tragédie ou du roman doucereux des vingt dernières années. Pendant plusieurs mois, on ne fit que parler du noble poète anglais, dont la personne prit bientôt les proportions d'un héros de roman.

On racontait que Child Harold, le Corsaire, Lara, Manfred étaient autant de portraits de lui-même, exilé volontaire à la suite d'une passion déçue, croyaient les uns, pour fuir un remords, affirmaient les autres. Enfin, cette existence nomade, avec son côté mystérieux, fit travailler toutes les imaginations, tandis que ces poèmes qui évoquaient si magnifiquement l'Espagne, l'Italie et la Grèce, secouaient la vieille indifférence du public français pour tout ce qui se passe hors de son milieu. La mode s'en mêla, et cela si bien qu'on alla, en peu de temps, d'un extrême à l'autre. Drames, romans, poésies, tout naquit Andalou, Florentin, Napolitain, Arabe ou Turc. On se jeta sur les traditions de Shakespeare, de Gœthe, de Schiller; Walter Scott devint le romancier à la mode et l'on ne rêva plus que sombres aventures, enlèvements, grands coups de dague, amours forcenées et prodigieux exploits, un contre dix.

C'est dans les premières années de cette effervescence générale qu'on se mit à parler « de la lutte héroïque entreprise par les enfants de l'Hellade pour se soustraire à la barbarie musulmane. » Le terrain était trop bien préparé en France pour que l'idée de venir au secours d'une nation opprimée n'électrisât pas les grands enfants enthousiastes d'alors.

Des souscriptions s'ouvrirent de tous côtés; des volontaires se mirent en route, croyant marcher à une gloire certaine; on forma des comités qui assumaient la tâche de racheter les femmes et les enfants grecs faits prisonniers par les Turcs, au milieu desquels ils couraient le risque d'oublier les divins préceptes de l'Église chrétienne et peut-être même d'embrasser la croyance grossière des sectateurs de Mahomet!!

La question religieuse fut, en effet, souvent mise en avant et plus d'une fois, chose bizarre, par des journalistes libéraux qui n'avaient peut-être pas entendu deux messes dans leur vie.

« Des chrétiens sous le joug du Turc, écrivait « l'un d'eux, ne devons-nous pas avoir honte de « tolérer une semblable monstruosité; est-il « admissible de permettre qu'un peuple qui « s'agenouille devant le glorieux symbole de « notre foi gémisse plus longtemps sous la loi « barbare du Croissant? »

L'auteur de ces lignes emphatiques ne se doutait pas que les chrétiens dont il prenait la défense avec tant de chaleur étaient ennemis déclarés des catholiques latins, qui leur préféraient de beaucoup les musulmans [1].

A ce propos, il est à remarquer combien les avocats sincères de la cause grecque se doutèrent peu de ce qu'étaient réellement les gens en faveur desquels ils arrondissaient des périodes sonores ou débitaient d'une voix vibrante des discours à

---

1. Voyez Appendice.

effets. Si les uns s'appuyaient sur la foi pour prêcher une sorte de croisade, les autres, et c'était le plus grand nombre, voyaient dans les Grecs révoltés les descendants directs des grands hommes classiques, les dignes fils de Léonidas et de Thémistocle, d'Euripide et de Platon. Pour ces convaincus, la « Patrie d'Homère » une fois délivrée, allait donner le spectacle d'une renaissance incomparable, et la théorie qu'ils développaient pouvait sembler logique. Voyant dans ceux qu'on a nommés les héros de l'Indépendance des braves comparables aux guerriers de l'antiquité, ils disaient que les Grecs ayant retrouvé le courage de leurs ancêtres, parlant encore leur langue, il était impossible qu'ils eussent à jamais perdu le génie des arts et de la philosophie.

Mais au lieu de s'en tenir à des rapports déclamatoires, si les philhellènes de ce genre avaient envoyé quelques-uns d'entre eux parmi les vaillants insurgés sur le théâtre de leurs exploits, il est probable que les comptes rendus de certains faits d'armes dont les délégués auraient pu apprécier le caractère tout spécial, eût promptement dissipé le mirage qui les leurrait.

Ils eussent appris, en même temps, qu'on trouverait peut-être plus de points communs entre le

Gaulois de Clovis et l'habitué des boulevards, qu'entre l'Athénien du dix-neuvième siècle et l'auditeur de Socrate; de plus, que le langage de celui-ci, soi-disant conservé presque pur après vingt-cinq siècles, ne serait pas mieux compris du précédent que le français du *Roman de la Rose* par un paysan normand.

Mais l'engouement s'était emparé de tous. Il semble que le seul nom de Grèce eût alors le pouvoir de troubler les jugements les plus sains. Cette fascination, qui dura jusqu'après le massacre de Navarin, atteignit son paroxysme à l'époque où l'on pouvait espérer que le calme allait renaître en Orient, les chefs du soulèvement ne disposant plus d'hommes ni de fonds et se débattant au milieu d'une anarchie sans nom, dont ils étaient les principaux fauteurs. Le gouvernement turc ne se trouvait donc plus en présence de sujets révoltés, sur le sort desquels on peut s'attendrir; à trois ou quatre nobles exceptions près, il ne lui restait à combattre que des bandits de terre et de mer, ayant cent fois mérité la corde et que nul n'aurait dû tenter de soustraire à l'action des justiciers.

Cela ne fut pas même soupçonné; on ne vit qu'une chose, la domination ottomane prête à s'étendre de nouveau sur le terrain perdu que les barbares allaient inonder du sang de héros malheureux !

Devant cette perspective, chacun s'émut ou affecta de s'émouvoir bruyamment ; les personnes en vue ne semblèrent plus s'occuper que de propagande en faveur des Grecs ; les partis irréconciliables fusionnèrent un instant, et les coteries littéraires oublièrent leurs querelles pour consacrer aux mêmes noms leur prose la plus étonnamment prétentieuse et leurs vers les plus redondants.

Les élucubrations que romantiques et classiques produisirent pendant cette période assez longue, où les « agités », devenus légion, étaient maîtres de l'opinion publique, méritent d'être parcourues. Elles constituent un document intéressant sur l'état mental d'une génération, née pendant la guerre, faite pour la guerre, et dont la sève trop abondante s'épanchait en utopies généreuses et absurdes, exprimées le plus souvent avec de grands mots qui, à tout autre époque, eussent obtenu un succès de ridicule certain.

Voici quelques échantillons de ce pathos, prose et vers qui, pendant près de vingt ans, eut des admirateurs passionnés. « Vers le même temps

« (1821) — lisons-nous dans une préface des *Mes-*
« *séniennes* — la Grèce, la belle Grèce d'Homère
« secouait les chaînes dont elle était chargée
« depuis trois siècles. Cette terre où le voyageur
« cherchait des débris de monuments et non des
« hommes, commençait à retrouver des généra-
« tions qui n'avaient pas peur de mourir et prou-
« vait qu'elle n'était qu'endormie alors qu'on la
« croyait descendue dans la tombe. Partout les
« tentatives généreuses, partout du sang versé
« pour la sainte cause des libertés, partout d'écla-
« tants efforts pour hâter un meilleur avenir,
« témoignaient hautement que l'heure était
« arrivée d'une de ces grandes crises où la Pro-
« vidence renouvelle la face des sociétés et ouvre
« à l'homme des voies nouvelles de perfectionne-
« ment. »

Plus loin, parlant du médiocre poète que fut Casimir Delavigne, le panégyriste ajoute : « Il
« pleura sur la Grèce, mais en la voyant si cons-
« tante et si résignée, ne pas plus se lasser de
« mourir que ses ennemis de la mutiler, il n'eut
« pour elle que des chants d'amour et il se montra
« interprète si passionné de la pitié des peuples,
« que les rois eux-mêmes entendirent sa voix et
« jetèrent un moment leur sceptre entre la Grèce

« et les barbares, afin d'arrêter ces grandes effu-
« sions de sang humain. »

Voyons un peu quels sont les chants qui se font si bien entendre des rois, et savourons ces *Messéniennes*. Les Turcs, bien entendu, y sont de suite pris à partie :

> Voyez-vous ces turbans errer sur les créneaux !
> Du profane étendard qui chassa la croix sainte,
> Voyez-vous sur les tours flotter les crins mouvants ?
> Entendez-vous de loin la voix de l'infidèle
> Qui se mêle au bruit sourd de la mer et des vents ?
> Il veille, et le mousquet dans ses mains étincelle.

C'est qu'ils ne respectent vraiment rien, ces méchants hommes à turban :

> De l'or, ils l'ont ravi sur nos autels en deuil :
> Ils ont brisé des morts la pierre sépulcrale,
> Et de la jeune épouse écartant le linceul,
> Arraché de son doigt la bague nuptiale
> Qu'elle emporta dans le cercueil.

Quant aux Grecs, comment ne pas s'apitoyer sur leur triste sort, lorsqu'on voit des infortunes pareilles à celle de ce vieux pâtre que le poète interroge et qui répond :

> .... par des gémissements.
> C'est sa fille au cercueil qui dort sous ces bruyères.
> Ce sang qui fume encor, c'est celui de ses frères,
> Égorgés par les musulmans.

Aussi, Hellènes, vengez-le, vengez-vous :

> Vengez vos frères massacrés,
> Vengez vos femmes expirantes;
> Les loups se sont désaltérés
> Dans leurs entrailles palpitantes.

Et le rimeur havrais, généralement si sec et si froid, se livre pendant trois ou quatre cents vers aux écarts d'un lyrisme échevelé, qui dut faire pâlir d'envie les satellites de ce nouvel astre, Victor Hugo!

Celui-ci ne pouvait laisser échapper une aussi belle occasion que l'émancipation d'un peuple frère, pour faire vibrer sa lyre, dont il se hâta de tirer les sons les plus faux qu'elle pouvait donner. Et si les strophes des *Orientales* sont superbes de forme à côté de celles des *Messéniennes*, on n'en trouvera pas moins au fond, quelque admirateur que l'on soit du grand poète, le même vide absolu.

Son principal héros est l'incendiaire Canaris. Il lui consacre ses rimes les plus sonores :

> Stamboul la Turque autour du croissant abhorré
>   Suspend trois blanches queues;
> . . . .
> Mais le bon Canaris, dont un ardent sillon
>   Suit la barque hardie,
> Sur les vaisseaux qu'il prend, comme son pavillon
>   Arbore l'incendie.

Ailleurs il fait parler trois têtes de suppliciés, plantées sur la porte du sérail, et, de même que Casimir Delavigne, il semble croire que les Turcs avaient la singulière manie de déterrer les morts :

> Oui, Canaris, tu vois le sérail et ma tête
> Arrachée au cercueil pour orner cette fête (etc.).
> . . . .
> Les musulmans vainqueurs dans ma tombe fouillèrent.
> Ils mêlèrent ma tête aux vôtres qu'ils souillèrent.
> . . . .

Puis il éprouve le besoin d'invectiver le sultan Mahmoud, une des grandes figures cependant de l'histoire contemporaine :

> Et nos têtes qu'on livre aux publiques risées,
>   Sur l'impur sérail exposées,
> Repaissent le sultan, convive des vautours.
> . . . .
> Quels sont ces cris?... C'est l'heure où ses plaisirs infâ-
> Ont réclamé nos sœurs, nos filles et nos femmes. [mes
> Ces fleurs vont se flétrir à son souffle inhumain.
> Le tigre impérial, rugissant dans sa joie,
>   Tour à tour compte chaque proie,
> Vos vierges cette nuit et nos têtes demain...

Après cela, le poète est pris d'un inévitable accès d'ivresse guerrière :

> En Grèce! en Grèce! Adieu, vous tous! Il faut partir.
> Qu'enfin après le sang de ce peuple martyr
>   Le sang vil des bourreaux ruisselle !

C'est de la pure frénésie! Très heureusement pour l'équilibre des facultés de Victor Hugo, ses généreuses indignations n'ont le plus souvent existé que sur le papier. Quant à Canaris et à ses compatriotes, on peut être certain qu'il s'en souciait, suivant sa propre expression, « autant qu'un poisson d'une pomme ». L'effet, d'ailleurs, n'en était pas moins obtenu!... Plus sincère peut-être fut Chateaubriand, lorsque, d'après la phraséologie philhellène, il lançait à la Chambre des pairs ces paroles enflammées qui faisaient tressaillir toute la France : « Un chrétien peut-il
« arrêter les regards sans frémir sur l'asservis-
« sement de la Grèce? Le nom même, qu'on ne
« peut prononcer sans respect et sans attendris-
« sement, n'ajoute-t-il pas quelque chose de plus
« douloureux à la catastrophe qui menace cette
« terre de la gloire et des souvenirs? Qu'irait
« chercher désormais le voyageur dans les débris
« d'Athènes? Les retrouverait-il, ces débris? Et
« s'il les retrouvait, quelle affreuse civilisation
« retraceraient-ils à ses yeux! Du moins le janis-
« saire indiscipliné, enfoncé dans son imbécile
« barbarie, vous laissait en paix, pour quelques
« sequins, pleurer sur tant de monuments dé-
« truits : le spahi discipliné ou le Grec musulman

« vous présentera sa consigne et sa baïon-
« nette. »

Sur quoi se basait l'illustre vicomte pour formuler cette assertion? nul ne saurait le dire; mais je ne sache pas que jusqu'à présent aucun voyageur ait dû rétrograder au seuil de Palmyre ou de Baalbek devant une consigne et une baïonnette turques. On se demande pourquoi le Parthénon eût été plus sévèrement gardé.

Pour clore cette série déjà bien longue de citations, transcrivons les deux dernières phrases d'un ouvrage (1) qui fut célèbre et sur lequel nous aurons à revenir; elles forment un petit chef-d'œuvre de ridicule qu'il serait dommage de laisser tomber dans l'oubli. « Quant à moi, — dit
« modestement l'auteur, — satisfait d'avoir fait
« connaître les souffrances des Hellènes, leurs
« mémorables actions et la barbarie des Turcs,
« au monde occupé des événements de l'Orient,
« je me croirai assez récompensé si j'obtiens un
« jour des fils de Dorus un rameau de l'olivier
« aux belles couronnes qui ceignit le front d'Hé-
« rodote aux fêtes d'Olympie.

« Je borne ici ma carrière et mes vœux !... et

---

1. POUQUEVILLE, *Histoire de la régénération de la Grèce*, 6 volumes.

« toi, Muse sévère de l'histoire, à qui je dédie le
« fruit de mes veilles, Clio, daigne protéger mon-
« ouvrage et reçois pour jamais mes adieux. »

.·.

Cette aberration ne se manifesta pas que chez nous. Elle eut tous les caractères d'une véritable épidémie. Née à Paris, elle avait promptement envahi la province et passé les frontières pour se répandre. à peu près dans toute l'Europe. En Angleterre, en Allemagne, en Suisse, le philhellénisme dérangea les intelligences les mieux équilibrées. On vit un roi envoyer cent mille francs à des sujets révoltés contre leur souverain. Un certain M. Eynard, établi à Genève, se fit une vraie célébrité par ses excès de zèle qui lui valurent le nom d'apôtre : « Les secours commen-
« çaient à s'épuiser, disait-il au prince Alexandre
« Mavrocordato, j'ai cherché à en renouveler la
« source en proposant de petites souscriptions
« hebdomadaires. J'ai écrit à tous les comités
« européens, et j'ai la plus grande confiance que
« ce moyen réussira. A Genève, à Lausanne, à

« Nyon, à Rolle, le zèle est admirable, et le cin-
« quième de la population s'est engagé à verser
« chaque semaine, jusqu'à la récolte prochaine,
« de deux à trois sols. Il est touchant de voir
« toutes les classes de la société confondre leur
« offrande et s'unir fraternellement et religieuse-
« ment pour vous envoyer des subsistances. »

En présence d'un mouvement fébrile si accentué, les gouvernements qui, à l'exception de la Russie, avaient longtemps désapprouvé sans réserves une prise d'armes dont la solution ne les regardait pas, cédèrent peu à peu à l'opinion publique. Ils se crurent enfin obligés de faire cette démonstration qui, dans le principe, fut une grosse faute, et se termina par un forfait inqualifiable, une tuerie qu'on devrait mettre en parallèle avec le massacre des Albigeois et la Saint-Barthélemy. Un général russe a nommé ce glorieux fait d'armes : *le coup de tonnerre de Navarin*.

La supplique suivante, adressée à l'amiral commandant la station du Levant en 1826, est une page très curieuse. Mieux que tout commentaire, ce petit modèle de style montre l'état d'esprit d'une jeunesse portée à tout exagérer, mais qui, nerveuse et compréhensive, s'aperçoit vite d'une erreur qu'elle déplore avec un abus d'épithètes dont on rirait, si l'on ne croyait pas qu'elles fussent l'expression de souffrances réelles, de poignantes désillusions.

« Monsieur l'Amiral (1),

« Avides de nouveautés, emportés par l'effer-
« vescence de leur âge, quatre jeunes Français
« ont voulu s'élancer dans un autre hémisphère.
« Sur de faux détails qu'on leur avait donnés
« concernant la Grèce, ils quittent une existence
« certaine pour courir après des hasards; ils sont
« peu accoutumés à réfléchir, ils ne se deman-
« dent pas quel sera le résultat de leur folle
« entreprise. Ils ont passé les mers; ils ont
« atteint cette terre, objet de tous leurs désirs, et
« qu'y ont-ils trouvé? L'indigence! On leur avait
« dépeint les peuples de la Grèce comme des
« héros qui enchérissaient sur la gloire de leurs

---

1. Archives du Ministère de la Marine.

« aïeux, et ils n'ont vu que des hommes vils en
« qui la soif de l'or produit la soif du crime; des
« hommes encore plongés dans les ténèbres de
« l'ignorance et de la barbarie, et ils ont quitté
« un pays où le flambeau de la civilisation luit
« de tout son éclat! Inutiles regrets! Ils ont vidé
« la coupe de l'infortune, et en vain ils tournent
« vers leur patrie des yeux mouillés de larmes!
« Ils ne la reverront plus! Ils ne reverront plus
« leurs amis, leurs parents; ils ne serreront plus
« dans leurs bras ces objets d'amour qu'ils portent
« dans leur cœur! Les voilà dans la plus affreuse
« détresse. Nus sur un sol étranger, bientôt la
« misère aura dévoré les restes de leur vie mal-
« heureuse, si votre main protectrice ne les retire
« de l'abîme où les a plongés leur imprudence!
« Votre âme est sensible et généreuse; quand
« bien même ils n'appartiendraient pas à la
« nation que vous servez avec tant de zèle, quand
« ils n'auraient auprès de vous d'autres titres
« que celui d'infortunés, ils croiraient avoir
« encore des droits à votre bienfaisance. Ils vous
« prient, ils vous conjurent, Monsieur l'Amiral,
« de les rendre à leurs familles éplorées et de
« leur accorder un petit coin dans l'un de ces
« immenses navires. Nous sommes persuadés

« que nos prières ne seront pas infructueuses et
« que vous ferez quatre heureux de plus.
     « *Signé :* Beuf, Benoit, Degabriel,
           Bourgeaud. »

Celui à qui cette lettre était destinée, l'amiral de Rigny, n'avait d'ailleurs qu'une sympathie médiocre pour les étourdis de ce genre. Il le laisse voir sans ambages dans ce fragment d'une lettre au ministre de la marine :

« J'ai été très souvent, écrivait-il, dans le cas
« de représenter à Votre Excellence les atteintes
« que portait à la considération nationale en ce
« pays le spectacle continuel d'individus qui,
« égarés par les exhortations quotidiennes des
« journaux et par les relations mensongères de
« ce qui se passe en Grèce, viennent figurer
« quelques jours parmi ces troubles et y appor-
« tent souvent leur turbulence et leurs rivalités.
« Promptement dégoûtés, ils viennent ensuite
« promener chez les Turcs les débris de leurs
« uniformes philhellènes, leur dépit et leur
« misère. Pour dissiper de telles erreurs, peut-
« être serait-il nécessaire de publier quelques
« documents officiels, mais c'est un point, je le
« sais, qu'il ne m'appartient pas de décider..... »

L'amiral semble de même approuver fort peu la présence en Grèce d'un certain nombre de nos officiers : « La discorde est déjà dans ce nouveau
« camp, dit-il, et le colonel Bourbaki paraît s'at-
« tacher, avec les moyens dont il peut disposer,
« plutôt à insurger les villages soumis de la Rou-
« mélie, qu'à porter du secours à la citadelle
« d'Athènes..... »

A côté de ce colonel Bourbaki, dont la conduite ne s'explique pas, on pourrait citer bien des noms français, anglais ou allemands qui eurent leur heure de célébrité; mais une liste sèche évoquerait bien peu de souvenirs aujourd'hui, et s'il fallait consacrer, ne fût-ce que quelques lignes, à chaque philhellène plus ou moins militant, on obtiendrait tout un dictionnaire biographique, dans lequel se détacheraient deux récits d'existences bien différentes, également mouvementées : celle de Fabvier et celle de lord Byron. La vie de celui-ci a été le sujet de tant d'études, qu'il serait impossible d'écrire sur son compte autre chose que des anecdotes mille fois répétées. On peut cependant s'étonner encore en songeant à cet être vraiment supérieur, illustre à trente ans, reconnu grand poète par ses rivaux eux-mêmes et qui, affolé de vanité, prit en haine le monde dont l'admiration lui semblait insuffisante, s'abêtit dans une débauche quotidienne, et finit épuisé, dégradé de toutes ses facultés, au milieu de bandits abjects dont les vociférations et les blasphèmes furent les derniers sons qu'il entendit! La mort dut être accueillie en libératrice par un homme si orgueilleux de son génie et qui, depuis des mois, se sentait incapable de finir une strophe; par un homme si fier de son adresse à toutes les armes et dont l'alcoolisme faisait trembler la main au point qu'il n'osait plus tenir un pistolet.

Tout autre est Fabvier, un de ces officiers de Napoléon qui ne purent se résoudre, après quinze ans de guerre, à laisser leur épée au fourreau, et dont quelques-uns, comme Allard et Ventura, devaient aller jusqu'aux Indes pour trouver un champ d'action suffisant à contenter leur besoin d'aventures. Fabvier, s'il avait écrit ses mémoires, nous eût laissé un roman qui se fût imposé dans toutes les bibliothèques. Élève de l'École polytechnique, puis de l'École d'application de Metz, il attira l'attention de l'Empereur. Celui-ci lui confia une mission auprès du sultan Sélim, menacé par les Anglais. De Constantinople il se rendit en Asie avec le général Gardanne, chargé d'organiser à la française les troupes du schah de Perse. Énervé par les obstacles qui se multipliaient sous ses pas, il regagna l'Europe en traversant la Russie, et se signala dans la plupart des rencontres désespérées qui furent comme le glas de l'empire.

Plus tard, lord de l'affaire des quatre sergents de la Rochelle, arrêté sous on ne sait quelle accusation de complicité, il fut relâché faute de preuves. L'année suivante, on le vit en Espagne, en Portugal, en Angleterre; puis il sembla décidé à retourner en Perse, cherchant à calmer, par de continuels déplacements, une surabondance d'énergie qui lui rendait impossible la vie de garnison. Pour les hommes de ce genre, l'attrait d'un combat prime tout. Aussi, ayant fait escale en Grèce alors qu'il se dirigeait vers Alexandrette, s'aperçut-il de suite que le terrain était brûlant et, peu après n'hésita-t-il pas à se jeter tête baissée dans une mêlée qui lui promettait toutes les sensations en rapport avec son tempérament de batailleur. On l'a nommé le géant de l'insurrection! Géant ou non, il est certain que la Grèce lui doit d'être aujourd'hui un semblant de nation. C'est par une ténacité dont on a peu d'exemples qu'il parvint à donner une sorte d'organisation militaire aux sinistres individus dont il prit le commandement. Sous ses ordres, pour la première fois, des Grecs marchèrent en rang contre l'ennemi. Aux premiers coups de feu, d'ailleurs, ils s'enfuirent de tous côtés comme une bande de chacals au milieu desquels on lancerait une fusée. Mais l'amour-propre de Fabvier était en jeu. Pendant des mois, il se multiplia, accomplissant des prodiges, qui, le jour où l'Europe proclama la liberté de la Grèce, lui furent payés par ses compagnons de la veille en calomnies odieuses, en insultes malpropres, seule monnaie qu'il devait attendre de gens au sujet desquels toute illusion prolongée était vraiment impossible.

CHAPITRE II

LES GRECS
SOUS LA DOMINATION DES KHALIFES.
LES HÉROS DE L'INDÉPENDANCE

Le récit du siège et de l'investissement de Constantinople par les troupes ottomanes n'est plus à faire. On a rendu justice au conquérant; tout le monde sait aujourd'hui que la clémence de Mohammed II calma presque aussitôt l'affolement causé dans le monde byzantin par la prise de la métropole. Les Grecs, plus sûrs du lendemain qu'ils ne l'avaient jamais été sous aucun de leurs souverains, formèrent une sorte d'État dans l'État, conservant, au milieu de la grande communion musulmane, le libre exercice de leur culte et le droit de s'administrer comme ils l'entendraient. « Sois patriarche, — dit le khalife au grand dignitaire nouvellement élu. — Sois patriarche, et que le ciel te protège! En toutes circonstances compte sur mon amitié et jouis de tous les privilèges que possédaient tes prédécesseurs. » Ce n'était certes pas le langage auquel s'attendaient des vaincus dont la race avait subi si souvent le mépris et les brutalités de croisés fanatiques qui s'emparaient de leurs territoires aux noms sonores et se faisaient saluer ducs d'Athènes, de Naxos ou princes d'Achaïe. Du reste, le dédain, sinon les violences des Occidentaux, vis-à-vis de prétendus frères en Jésus-Christ, trouve une excuse sans réplique dans la conduite de ce peuple avili, dont un empereur, afin de décider les batailleurs catholiques à lui venir en aide, écrivait à l'un d'eux que « les plus belles femmes de l'univers (celles de ses sujets) seraient les dignes prix de leurs exploits [1] ».

« Les nations latines, dit un historien, ne
« savaient pas jusqu'à quel point les Grecs pous-
« saient la dissimulation, le mensonge et la per-
« fidie. » On peut ajouter que ces derniers n'avaient aucune idée du caractère farouche des hordes bardées de fer qu'ils appelaient à leur

---

Lettre d'Alexis Comnène au comte de Flandre.

secours avec la ferme intention de s'en débarrasser traîtreusement aussitôt qu'elles auraient cessé de leur être utiles.

* *
*

Pas plus que les chefs latins, le sultan ne soupçonna cette fourberie, cette dégradation de tout un peuple aux dehors brillants et qui descendait d'une pléiade de penseurs et d'artistes. Il crut, par des mesures libérales, s'attacher ces hommes auxquels une beauté remarquable, un maintien élégant, l'urbanité de vrais civilisés, donnaient un vernis suffisant pour dissimuler aux yeux des nouveaux venus les tares qu'il recouvrait.

Et cependant, au siège de Constantinople, les Grecs avaient donné la mesure de leur couardise; au milieu de cette immense population abritée par des murailles dont l'escalade devait sembler impossible; à peine se trouva-t-il quatre mille hommes pour tenir tête aux assaillants.

Mohammed II, dans l'ivresse du triomphe, ne songea pas que cette lâcheté presque générale indiquait une nation pourrie jusqu'aux moelles, et dont le contact pouvait devenir funeste aux siens. Peut-être encore croyait-il que la foi de ceux-ci les mettrait à l'abri d'une contagion morale, impuissante à s'étendre au delà d'un certain cercle d'infidèles, marqués pour les châtiments éternels.

Quoiqu'il en soit, il arrêta l'exode des chrétiens dont la corruption devait amener, au cœur même de l'empire, une lésion qu'on put croire mortelle! Mais, à côté de toute considération politique, on ne saurait trop admirer la noblesse de sa conduite qui fait ressortir dans toute leur atrocité les méfaits des princes féodaux dont les bandes égorgeaient et violaient au cri de : « Dieu le veult! »

Un autre parallèle aussi frappant s'impose, quand, après avoir lu un récit de la mise à sac de Jérusalem par les défenseurs de la Croix, on se rappelle la prise de la Cité sainte par le second successeur du Prophète, le khalife Omar. Il entra dans la ville à côté du patriarche Sophronius, s'entretenant avec lui de l'antiquité et du caractère sacré des monuments qu'il apercevait; à l'heure de la prière, se trouvant dans l'église de la Résurrection, il en sortit pour accomplir ses dévotions sur une place publique, disant au patriarche qu'il agissait ainsi afin que, dans l'avenir, aucun musulman ne se crût autorisé par son exemple à prier en un lieu réservé aux cérémonies des chrétiens ! Pas un reproche ne put être adressé aux nouveaux dominateurs, respectueux du sol qu'avaient foulé les pieds de Salomon et de Jésus.

En revanche, lorsque les brutes commandées par Godefroy de Bouillon firent irruption dans la vieille capitale hébraïque, ce fut une des plus effrayantes tueries commises au nom du Christ, et, de nos jours, un musulman a pu écrire les lignes suivantes, sans crainte d'être démenti :
« Les petits enfants eurent la tête fracassée
« contre les murs, tandis que leurs aînés étaient
« empalés sur les créneaux ; des hommes furent
« brûlés et d'autres éventrés parce qu'on les
« soupçonnait d'avoir avalé des pièces d'or. On
« empila les Juifs dans leur synagogue à laquelle
« on mit le feu. Soixante-dix mille personnes
« environ périrent dans le massacre. Le légat du
« Pape prit part au triomphe. »

⁂

On vient de voir ce qui se passa lorsque l'emblème de l'Islam remplaça la croix grecque sur le dôme de Sainte-Sophie. Les vaincus respectés, rapidement organisés, trouvèrent un dérivatif à leur turbulence en se livrant aux entreprises commerciales et à la navigation. Malheureusement si leur intelligence s'affina encore par le travail soutenu des idées, leur niveau moral ne s'éleva pas d'une ligne, et cette finesse, cette activité qui auraient dû leur faire jouer un si beau rôle dans les destinées de l'empire ne furent mises au service que d'intrigues tortueuses et de spéculations louches. Beaucoup firent de scandaleuses fortunes et acquirent parfois en haut lieu une influence due à leur bassesse envers les dignitaires ottomans qu'ils ruinaient en se faisant agents de toutes les compromissions [1] ».

1. On a peint sous les plus sombres couleurs la misère des Hellènes à l'époque de l'insurrection. Comment, en ce cas, plus de six millions de francs purent-ils être souscrits alors, dans la seule île d'Hydra? Ce document nous est fourni par un écrivain presque impartial, M. Juchereau de Saint-Denys. De

Plus tard, enfin, des Grecs étaient désignés par la Porte pour gouverner des provinces : la Servie, la Valachie, la Moldavie. Ce furent ceux-là qui, les premiers, fomentèrent la révolte contre le pouvoir confiant en leur loyauté.

*
* *

Des gens tombés si bas ne pouvaient éprouver les sentiments qui poussent un peuple à revendiquer fièrement son indépendance. Un poète a comparé la Grèce asservie à la « fière cavale » qui ronge son frein ; cette « fière cavale » n'était

plus, un panégyriste de la cause grecque, l'amiral Jurien de la Gravière, émet parfois des jugements qui semblent bien étranges sous sa plume. « Gouvernés par leurs prêtres, dit-il, taxés et administrés par leurs primats; grands parleurs, grands railleurs et marchands très accorts, les Grecs, s'ils n'avaient aucune liberté politique, n'en jouissaient pas moins des plus amples franchises municipales. Exempts de service militaire depuis que les musulmans avaient tenu à en assumer tout le poids, ils avaient des loisirs, et ces loisirs, ils les employaient à boire et à festiner. Quant à leurs femmes, pompeuses au possible, vêtues d'étoffes de soie, la gorge découverte, les bras chargés de bracelets d'or, elles allaient par les rues, traînant leurs mules brodées, sans songer à gémir d'être esclaves du Turc et plus fières de toute cette bravade que honteuses de leur servitude. »

qu'une haridelle vicieuse profitant du moment où son cavalier, à moitié assoupi, ne la tient plus en main, pour ruer, se cabrer et le mordre à la jambe.

En réalité, les premiers soulèvements accompagnés de proclamations et d'appels à l'aide n'étaient que des « effets » préparés pour masquer des actes de piraterie auxquels la crédulité des nôtres donna de suite un faux air d'épopées. Aussi n'est-ce pas dans les productions des esprits surchauffés d'alors qu'on doit chercher la vérité; celle-ci se trouve dans les rapports et les lettres des officiers qui commandaient la station du Levant. Mieux que toute dissertation longuement travaillée, les quelques extraits suivants donneront une juste idée de ce qu'était le « peuple martyr. »

« C'est ici, écrit un capitaine de frégate [1], le
« moment de vous donner mon opinion actuelle
« sur les Grecs, et si, malheureusement, je n'ai
« que du mal à en dire, je ne puis être taxé de
« calomniateur. Arrivé dans le Levant, grand
« partisan de ce peuple, l'expérience seule a pu
« me faire changer de sentiment à son égard.

1. A bord de la *Flèche*, commandant Pujol; rade de Navarin, 22 décembre 1827.

« Sans patriotisme, sans courage, sans union,
« chaque chef tire de son côté et ne vise qu'à
« s'enrichir. L'anarchie est à son comble, et la
« plupart des membres du gouvernement, souve-
« rainement méprisés, sont notoirement connus
« pour être eux-mêmes les principaux armateurs
« des pirates. Sans l'intervention des puissances,
« cette année aurait vu les Grecs entièrement
« subjugués, et pour toute reconnaissance, ils ne
« cessent leurs brigandages sur le commerce de
« ces mêmes nations. Continuellement témoin
« de leurs méfaits, j'ai besoin, pour ne pas deve-
« nir turcophile, de leur chercher quelque excuse
« dans un si long esclavage qui n'a pu que
« dégrader leur caractère. »

Cet esclavage, on s'est rendu compte de ce qu'il était : beaucoup mieux fait pour relever que pour abaisser le caractère de ceux qui « gémissaient sous son joug. »

Dans une lettre datée de Smyrne (23 mars 1826), l'amiral de Rigny avait été aussi catégorique :
« On est trompé en Europe sur tout ce qui a
« rapport à la lutte actuelle entre les Grecs et
« les Turcs. On manque de documents officiels ; il
« n'est pas dans l'usage des Turcs d'en publier, et
« les rapports grecs, jusqu'en ces derniers temps,

« n'ont été que des relations privées, dont
« l'idiome, naturellement amplificateur, avait
« encore à traverser Zante, Corfou et l'Autriche,
« avant d'aller recevoir à Londres et à Paris le
« brillant et quelquefois mensonger coloris de la
« presse journalière. C'est sans doute ce qu'il
« faut pour émouvoir les gens du monde, mais
« cela ne suffit pas pour éclairer ceux qui ont à
« conduire les affaires. »

L'amiral de Rigny, en outre de ses observations personnelles, était bien renseigné par des subordonnés au sujet des individus qu'il était officieusement chargé de défendre, et vraiment sa conduite ultérieure est inexplicable lorsqu'on parcourt les rapports signés de lui et qu'on songe qu'il recevait quotidiennement des appréciations dans le genre de celle-ci :

« J'en fais l'aveu, amiral, je suis bien froid à
« l'égard des Grecs, et mes sentiments sont par-
« faitement d'accord avec ceux de tous les offi-
« ciers de la station. J'en citerai un exemple :
« nous avons entre les mains le dernier écrit
« d'un noble pair, et chacun en le lisant a fait
« cette réflexion que, malgré la facilité que l'au-
« teur du *Génie du christianisme* sait mettre à
« réfuter les opinions politiques dont il s'était

« lui-même déclaré le zélé défenseur, on peut
« douter que le beau feu qui l'anime ne se refroi-
« dirait pas si, placé au milieu de gens qu'il
« transforme en autant de héros, cet apôtre des
« Héllènes pouvait compter les ingrats qu'il a
« faits, par les fourbes et les fanfarons dont il se
« verrait entouré. »

Les prétendus héros eux-mêmes s'étonnaient d'une réussite à ce point complète de leur sanglante mystification et se moquaient ouvertement de l'enthousiasme dont ils étaient l'objet : « Ce
« qu'il plaît aux journaux grecs et autres de
« publier sur ces armées, dit encore l'amiral de
« Rigny [1], leurs succès, ce journal du siège de
« Missolonghi, ces noms de généraux qui, la plu-
« part, n'existent même pas, tout cela est porté à
« un tel degré d'exagération, qu'ayant dernière-
« ment chez moi les chefs du gouvernement grec,
« je les ai vus rire de tout ce qu'on leur faisait
« dire et faire. La correspondance de Zante au
« *Journal des Débats*, qu'on dit être œuvre de
« spéculation des frères Pouqueville, dépasse en
« ce genre les licences de l'hyperbole. D'un autre
« côté, je ne puis comprendre comment le

---

1. 16 septembre 1825. Peyronnet, commandant de la *Daphné*. Archives du Ministère de la marine.

« général Roche, agent du comité, semble cher-
« cher à imiter, dans ces rapports, ces enflures
« ridicules ».

*
* *

Lorsque, les réminiscences classiques mises de côté, on s'est fait une idée de ce qu'était la masse des « sublimes défenseurs de la liberté hellénique », il est intéressant de se renseigner sur leurs principaux meneurs. Nous voyons Théodore Grivas qui, non content de massacrer des Turcs, devint l'effroi de ses compatriotes aux dépens desquels il vivait. Son nom est resté très populaire en Roumélie, où, dit un écrivain philhellène [1], sa famille a de tous temps exercé une influence égale à celle dont jouissaient les Botzaris en Épire, les Mavromichalis dans le Magne, les Colocotronis en Messénie. — Voici Katzantonis, lequel, ajoute le même panégyriste, « passait
« sans merci par les armes blessés et prisonniers
« de tout âge et de tout sexe ». Quand les occa-

1. YEMENIZ, *Scènes et récits des guerres de l'Indépendance.*

sions d'assassinats ou de viols se faisaient rares, il devenait poète : « Donne moi ta bénédiction, ma petite mère, chantait-il, afin que j'égorge beaucoup de Turcs. » Moins sentimental se montre Odyssée, fils d'Androutzos, qui, soupçonnant un prêtre de l'avoir espionné, le fit murer vivant dans une excavation de rochers.

Bref, parmi les noms célèbres de ceux qui, sur la terre ferme, combattirent pour l' « Indépendance », il n'en est pas un auquel on ne puisse ajouter les pires qualificatifs. Quant aux marins d'Hydra, de Samos, de Spezzia, ils doivent à quelques actes de courage inspirés par les Tombazis, les Canaris, les Miaoulis, d'échapper au mépris absolu avec lequel on doit regarder leurs coreligionnaires du continent! Et cependant les trois héros (puisque héros il y a) n'eurent à lutter d'une manière sérieuse que contre de lourds bâtiments, difficiles à manœuvrer au milieu des récifs et des passes de l'Archipel. Ces navires, on le verra plus loin [1], étaient, en outre, montés par des équipages sans expérience et sans cohésion, recrutés à la hâte parmi les bateliers et dans la lie des ports. En dépit de tant d'avantages

1. Voy. ch. II.

donnés aux escadrilles de l'insurrection, les plus enthousiastes philhellènes ont reconnu que sans les « brûlots »[2], leurs demi-dieux n'auraient jamais osé affronter les canons d'un vaisseau de haut bord.

Ce furent, il est incontestable, d'habiles capitaines, connaissant à fond leurs parages; hardis, lorsque toutes les chances étaient pour eux, mais combien leur gloire semble surfaite lorsqu'on se reporte aux « Frères de la Côte » par exemple, et sans remonter jusqu'à Montbars, Morgan ou l'Olonnais, quand on lit les croisières de nos grands corsaires comme Dutertre ou Surcouf!

Ceux-là ne se servaient pas de brûlots!

---

2. On sait, écrit l'amiral Jurien de la Gravière, comment se dispose ce vieil engin de guerre. On charge un bâtiment de matières combustibles; on arrose son gréement de poix, ses voiles de térébenthine; on prépare une mèche qui puisse, dans un temps donné, mettre le feu aux poudres et le communiquer aux divers foyers de cette fournaise. Une plate-forme est installée sous la poupe, pour qu'avant l'abordage, l'équipage tout entier s'y réfugie. C'est de cet abri que, jusqu'au dernier moment, on fait encore mouvoir le gouvernail. Une embarcation rapide suit à la remorque, prête à recevoir les fugitifs. On s'avance, protégé par la nuit, souvent par la fumée et la canonnade de la flotte. Si le vent ne fait pas défaut, si l'on n'a pas été découvert, démâté ou coulé avant d'avoir touché le but, on jette les grappins sur le bâtiment ennemi, on s'attache à ses flancs et l'on met le feu à la mèche.

CHAPITRE III

LES ORIGINES DU SOULÈVEMENT

Il est toujours très difficile de démêler l'écheveau des intrigues et des sourdes menées qui aboutissent à une révolution! Bien compliquées et bien vagues parfois sont les origines du soulèvement grec. Cependant, au milieu de toutes les contradictions, on arrive à reconstituer une série de faits, qui, différant dans beaucoup de détails, forment un ensemble d'une cohésion absolue, ayant toutes les apparences de la vérité.

Les premiers symptômes du « réveil national » se manifestèrent dans une association connue sous le nom d' « hétairie amicale » et fondée, suivant les uns, par un jeune poète thessalien, Rhigas Ferraïos; d'après les autres, par trois

Grecs obscurs, Scontas, Xanthos et Papa Fléchas. Ceux-ci sont demeurés dans l'ombre; le poète Rhigas, réfugié à Vienne, fut livré par la police autrichienne à la Sublime Porte et, dit un chroniqueur, mourut stoïquement à Belgrade sous le sabre du bourreau. Un second historien nous affirme, il est vrai, qu'il fut noyé dans le Danube, après une lutte terrible soutenue contre des geôliers ! Ces deux versions donnent une idée du peu de précision d'un grand nombre de récits regardés comme sérieux et dont le thème primitif appartient quelquefois à des légendes et des poésies colportées dans les campagnes grecques par les agents de l'insurrection.

Quoi qu'il en soit, l'hétairie acquit en quelques années une influence réelle, grâce à une propagande très bien conduite, laissant à supposer que l'empereur Alexandre était prêt à l'appuyer ouvertement. En effet, les diplomates russes jouèrent, dans cette question, un rôle mal défini, mais dont le vrai sens apparaît aujourd'hui dans toute sa duplicité. La brute moscovite a la patte lourde, mais elle sait rentrer ses griffes devant un adversaire capable de lui tenir tête; l'ours énorme a la finesse du renard, et ses appétits se dissimulent en un clin d'œil sous les dehors cauteleux, qui sont un des traits caractéristiques du Slave.

Constantinople était pour les Cosaques une proie tentante, mais bien défendue; en outre, les puissances ne pouvaient admettre que l' « empire du Nord », déjà trop grand, s'étendît jusqu'aux rives du Bosphore. La lutte, franchement déclarée, était donc impossible, et le plan adopté par le tsar consistait à aider sous main le parti insurrectionnel, quitte à le désapprouver hautement en cas d'échec. Cette faction victorieuse, au contraire, voyait l'Empire ottoman démembré, ruiné peut-être, et si à ce moment surgissait quelque complication européenne qui obligeât la France et l'Angleterre à perdre de vue la « question d'Orient », c'était tout au plus cent ou deux cent mille moujiks enrégimentés que coûterait à la couronne de toutes les Russies la conquête d'un pays relativement peu étendu, mais qui valait cent fois l'immense domaine des Romanoff.

« Oui, disait hypocritement le tsar à un hétairiste, oui, vous aurez un jour une patrie; je ne mourrai pas content si je ne fais rien pour mes pauvres Grecs, je n'attends qu'un signe du ciel... » Ce signe ne se manifesta pas, mais celui à qui ces paroles étaient adressées, assez simple pour prendre au sérieux une promesse aussi ridiculement formulée, élabora de suite une proclamation :

« Hellènes, écrivit-il, l'heure a sonné; il est temps de venger notre religion et notre patrie. Partout nos frères et nos amis sont prêts à nous seconder. En avant, Hellènes, en avant, et nous verrons une puissance formidable protéger nos droits... »

Cette proclamation et plusieurs autres appels aux armes n'obtinrent pas tout l'effet qu'en attendaient leurs auteurs. Les Grecs étaient trop divisés pour que l'idée de s'associer dans un effort commun ralliât de suite un grand nombre de partisans. Elle ne pouvait surtout être admise franchement par ceux que leur influence désignait pour diriger un mouvement, dans lequel chacun d'eux espérait bien supplanter tous ses rivaux, quels que fussent les moyens à employer.

Mais en dépit de cette perspective : assassiner, piller, puis, le butin empaqueté, s'enfuir sans avoir à rendre compte de leurs actes à personne, tel était le programme idéal des chefs grecs. La lutte ouverte et surtout l'appréhension d'une surveillance mutuelle, toujours gênante et souvent très coûteuse entre bandits, ne tentaient nullement les héros futurs de Tripolitza et de Monembasia. Sans l'appoint des aventuriers étrangers, la révolte n'aurait jamais eu un semblant même d'organisation[1], et les égorgeurs de Galatz, de Yassi et de la Morée se fussent noyés bientôt dans leur propre sang.

Les premiers massacres mêmes ne purent être commis que grâce au trouble porté dans les affaires de l'Empire par la lutte d' « Ali Tébélenli » ou de Tebelen, contre l'autorité du Sultan.

C'est une étrange et sombre figure, celle de ce demi-sauvage qui sut agir avec la promptitude de décision et l'énergie d'un César Borgia, augmentées de la fourberie et de la patience d'un Grand Inquisiteur ! De prime abord il déconcerte l'analyste. Comment allier les traits de caractère si

---

1. Malgré tous les efforts, la cohésion complète ne se fit jamais, et voici ce qu'en 1826 écrivait encore l'amiral de Rigny à ce sujet : « On paraît généralement croire que le gouvernement grec est une autorité, un pouvoir, au moins que dans les pays non soumis aux Turcs il a une force militaire disponible et qu'il la fait mouvoir à son gré; que, pour sa défense navale, il a quelques bâtiments qui obéissent à des chefs plus ou moins dépendants de lui. On se trompe, l'armée, quand il y en a, est entre les mains de tel ou tel capitaine pendant quelques jours. Les vaisseaux appartiennent à des particuliers qui les font aller où et quand ils veulent; souvent même les équipages s'en emparent et abandonnent les Canaris et les Miaoulis... »
En un mot, ce sont des corsaires montés par d'habiles matelots.

opposés que nous rapportent ses biographes, tous unanimes d'ailleurs, au point qu'on ne saurait mettre en doute l'exactitude de leurs informations?

On le voit tour à tour joyeux buveur avec les orthodoxes et observateur exagéré de la sobriété musulmane avec les siens. Il craint la mort comme un matérialiste; au moindre malaise, il conjure ses médecins de le sauver, et en même temps il invoque les prières des derviches et des chrétiens. Il ne croit pas, mais il est superstitieux jusqu'à l'enfantillage. Il interroge des devins, s'inquiète de ses songes qui, par moment, l'affolent. Son tempérament est de fer, mais il souffre de crises nerveuses pendant lesquelles lui adresser la parole serait signer son propre arrêt de mort. Il a la volonté, une volonté devant laquelle tout finit par plier; mais de subites défaillances le rendent parfois incapable de prendre la moindre décision. Après des actes de violence effrayants, il montre les dehors patelins de Louis XI examinant la cage du cardinal de la Balue, et le tout est couronné par les éclats de rire du gai compagnon qui, une heure après, aux trois quarts ivre ou peut-être feignant l'ivresse, lève son verre à la santé de la bonne Vierge Marie...

Ces contradictions, ces apparentes incohérences se rapportent toutes à ce double besoin : accaparer et dominer. Pour donner corps à son idée fixe, il louvoie, se dérobe ou frappe brutalement suivant l'occasion, et chacun de ses crimes lui fait franchir un obstacle sur la route qu'il s'est tracée.

Le premier acte qui attire sur lui la réprobation de l'Europe est d'ailleurs, il faut le dire, de haute justice, quoique terrible dans son exécution. Je veux parler de l'anéantissement presque complet des Souliotes [1], ces fameux Souliotes si souvent poétisés; bandits qui, embusqués dans les défilés de leurs montagnes, égorgeaient les rares voyageurs qu'un hasard amenait à leur portée et qui, trouvant le butin trop maigre, faisaient de continuelles incursions dans la plaine, ne laissant derrière eux que des cabanes en cendres, au milieu desquelles se carbonisaient des cadavres d'hommes mutilés et de femmes violées.

C'est la suppression de ces fauves [2] qui nous a

---

[1]. J'ajouterai qu'on ne doit lui en tenir réellement aucun compte. Il n'agissait comme toujours que dans un but personnel, et non pour punir des coupables. Si les déprédations des Souliotes avaient pu lui être utiles en quoi que ce soit, il les aurait encouragées.

[2]. On ne peut même invoquer en leur faveur la circonstance

valu les milliers de tableaux ou lithographies intitulés : « Souliote faisant jurer à ses fils de venger leur père », ou bien : « Après le passage des Turcs. »

Dans les premiers, on voit une femme les yeux en larmes tenant un enfant dans ses bras, tandis qu'un garçonnet de huit à dix ans, costumé on ne sait pourquoi en pifferaro, contemple les rochers abrupts d'un air mauvais !

La seconde série représente souvent un cimetière dévasté auprès d'un village en ruine. La plupart des tombes sont entr'ouvertes, et des ossements humains gisent çà et là au milieu de roues de canons et d'affûts brisés. (Les Turcs, on l'a déjà vu, éprouvent un vif plaisir à déterrer les morts.) Quelquefois aussi c'est une vallée étroite ou plutôt le lit d'un torrent desséché, au fond duquel gisent quelques jeunes gens ensanglantés tenant encore un long pistolet à la main. Près d'eux pleure un vieillard à barbe de patriarche, et des corbeaux perchés de tous côtés n'attendent évidemment que son départ pour commencer leur festin.

atténuante de haine religieuse, car massacreurs et massacrés étaient orthodoxes. Le chef-d'œuvre du genre, mais très compliqué celui-là, est le tableau d'Ary Scheffer, *Les femmes souliotes*, exposé au Louvre.

Il est certain que ce fut là une guerre d'extermination, mais nécessaire et demandée par tous. On ne saurait en faire un reproche au pacha de Janina, pas plus qu'au général Hugo d'avoir détruit en Calabre la bande de Fra Diavolo.

Ce grand succès, très difficilement obtenu, augmenta encore, s'il est possible, son ambition et la confiance qu'il avait en son étoile. Il entrevit la possibilité de lutter avec le Sultan; de se créer un royaume indépendant, et chercha pour cela, avec sa fourberie habituelle, à mettre toutes les chances de son côté.

Les Grecs formant la grande majorité de la population moréote, il mit tout en œuvre pour se les attacher et pour qu'ils prissent en haine la domination de la Porte. Il fit miroiter à leurs yeux une indépendance qu'il se promettait bien de transformer en servitude absolue, si jamais il devenait le maître.

En attendant, Janina devint une petite capitale littéraire hellénique, pourvue de librairies et de collèges. « Dans le palais même du pacha, dit Finlay[1], à côté d'une chambre où des enfants d'Albanais musulmans apprenaient le Koran par

---

1. *History of Greece.*

cœur, sous la surveillance d'un Osmanli lettré, de jeunes Grecs étudiaient leur grammaire avec un prêtre orthodoxe. »

Mais quelque habile que fût cette politique, sa rapacité et sa cruauté lui faisaient plus d'ennemis que ses promesses et ses flatteries ne lui amenaient de partisans. Une maladresse, que lui suggéra un esprit vindicatif, précipita sa perte.

Il avait eu longtemps un confident, Ismaïl Pacha, élevé près de lui et qui, on ne sait à quel propos, dut prendre tout à coup la fuite après avoir été nommé « baïractar » du gouverneur de Thessalie, Vely, fils d'Aly. Sous l'apparence d'une distinction honorifique, c'était la disgrâce complète [1].

Quelques années plus tard, après de nombreuses tribulations, Ismaïl parvint à intéresser les ministres de la Porte. Il reçut le titre de « capidji bachi » [2], et bientôt, par son influence, le gouverneur de Thessalie recevait sa révocation. C'était un premier coup porté à la famille du

1. Ali Pacha, dit M. Pouqueville, voulait s'emparer des richesses considérables d'Ismaïl, et celui-ci, en partant, se serait écrié : « Il m'éloigne, le scélérat ! Il m'éloigne, mais je l'en punirai, quelque chose qui en puisse arriver, et je mourrai content si, au prix de ma tête, je parviens à faire tomber celle d'un pareil monstre. »
2. Chef des huissiers du Sultan.

« Tébélenli ». Celui-ci, sans réfléchir à l'imprudence qu'il allait commettre, résolut de faire assassiner son ennemi, et peu après Ismaïl, se rendant à la mosquée, était assailli en plein jour par trois Albanais de Janina.

Aucun des agissements du vieux pacha ne pouvait être ignoré. Le divan connaissait les pourparlers qu'il avait eus avec l'Angleterre[1], aussi bien que les avances qu'il faisait aux Grecs; mais ni le sultan ni ses ministres ne supposaient que son audace pût aller jusqu'à un attentat contre un des premiers serviteurs du souverain! Cette fois la mesure était comble; accusé de haute trahison, il fut sommé de comparaître devant la Porte dans le délai de quarante jours. En même temps le muphti Hadji-Khalil Effendi lançait contre lui l'anathème, ordonnant à tout musulman de le considérer comme un maudit[2]!

---

1. Finlay ne dit pas un mot au sujet de la honteuse alliance qui fut presque conclue entre le gouvernement anglais et Ali Pacha.
2. Voici, d'après M. Pouqueville, un résumé de la bulle du cheikh-oul-islam. — (Il est douteux que la traduction en soit exacte, mais où et comment se procurer une copie de l'original?) — « Nos cœurs sont fermés à ta voix. Un pois bouche notre oreille. Une voix s'élève entre nous et toi. Suis tes principes, nous suivrons les nôtres. » Ici M. Pouqueville éprouve le besoin d'ouvrir une parenthèse et passe sous silence les reproches adressés à Ali Pacha. « On trouve, reprend-il, tout

C'était là un arrêt de mort. Ali Pacha, après quelques protestations qui n'eurent pas d'écho, se prépara résolument à lutter jusqu'au bout.

Ne pouvant plus compter sur les musulmans — seuls en effet quelques Albanais lui restèrent fidèles — il s'adressa sans hésiter aux Grecs, leur rappelant avec quels égards il les avait toujours traités : « Ma conduite envers vous, dit-il aux « prêtres rassemblés (1), a toujours été guidée « par les sentiments de confiance et de considé- « ration que je vous ai accordés dans tous les « temps! Quel pacha vous traita jamais comme « je l'ai fait? Quel autre que moi environna d'au- « tant de respect les objets de votre croyance « religieuse? Quel autre vizir vous procura les « privilèges dont vous jouissez? Car vous tenez « rang dans mes conseils; la police et l'admi- « nistration de mes provinces sont entre vos « mains. »

---

ce que l'on veut dans le livre canonique du Prophète, et, après avoir fait le procès au proscrit, on finissait en lançant contre lui la grande imprécation! « C'est un temps malheureux pour « le méchant; nous ferons souffler contre lui un vent impé- « tueux dans un jour fatal; nous ferons tomber les hommes « comme des palmiers déracinés, parce que les Thamudéens « ont tué le chameau de Salhé. Nous les avons maudits sur la « terre, et le jour de la résurrection ils seront abominables à « tous. »

1. Voici, d'après l'amiral Jurien de la Gravière, la lettre

Puis il s'excuse d'avoir porté les armes contre les Souliotes, forcé par « l'inflexible nécessité »; il a, d'ailleurs, écrit aux quelques chefs qui ont pu prendre la fuite, les appelant à son secours. Il s'indigne en pensant qu'on a pu l'accuser d'avidité. Comme preuve de son désintéressement, il fait vider devant tous une tonne remplie de pièces d'or et s'écrie : « Voilà une partie de ces trésors que j'ai conservés avec tant de soin et que j'ai arrachés aux Turcs, nos communs ennemis; elle est à vous. »

Et la péroraison de ce discours est vraiment curieuse : « C'est à présent plus que jamais qu'il
« m'est agréable d'être resté attaché aux Grecs.
« Leur bravoure me répond de la victoire, et dans
« peu nous relèverons leur empire, en chassant la
« race ennemie des Osmanlis au delà du Bosphore!
« Archevêques, évêques, et vous, prêtres du pro-
« phète Issa, bénissez les armes des chrétiens qui
« sont vos enfants! Primats, je vous confie le soin
« de défendre vos droits et de régir avec équité la
« brave nation que j'associe à mes intérêts. Demain

qu'il adressait aux capitaines souliotes survivants : « Je connais votre courage et j'ai besoin de votre secours. Rassemblez vos palikares et venez me rejoindre. Votre paye sera double de la paye que j'accorde à mes Albanais, car je sais que votre valeur est supérieure à la leur. »

« je vous communiquerai une importante résolu-
« tion. »

. . . .

Cette résolution, qui fut en effet proclamée le lendemain, était ainsi conçue :

Allégresse [1].

« Moi, Ali Tébélenli,

« Chrétiens, mes frères, je vous salue. Je vous fais savoir qu'ayant besoin de soldats, vous ayez à me faire le plaisir d'en rassembler. En conséquence, je vous fais la remise des redevances que vous payez à ma maison : expédiez vos contingents à Janina, afin que je les emploie où besoin sera.

« Comptez-moi au nombre des vôtres. Salut!

« Janina, 24 mai 1820. »

Rien n'y fit. Son heure était venue. Les défections se succédèrent; et lorsque les premières troupes ottomanes furent signalées, comprenant que la défense de sa ville était impossible, il la fit incendier après l'avoir livrée en pillage à ses

---

1. Pouqueville et Juchereau de Saint-Denys.

Albanais. Lui-même se retira dans l'île du lac d'Achérusie où, sur les ruines de sept monastères, il avait fait construire une forteresse dans laquelle ses richesses étaient accumulées. De plus, et chacun le savait, les caveaux de la citadelle contenaient pour quatre années de vivres et une telle quantité de poudre que l'attaque directe était impossible, la moindre étincelle pouvant transformer l'île en un volcan qui eût anéanti en quelques secondes assiégeants et assiégés. Personne aussi ne doutait qu'Ali, se voyant perdu, hésitât un seul instant à jeter la torche dans le cratère effrayant qu'il avait sous les pieds.

Devant une telle résistance, Ismaïl, qui dirigeait les opérations de l'armée turque, avec le titre prématuré de pacha de Janina, seraskier [1] de Roumélie, ne se montra pas à la hauteur de sa tâche. Très habile à mener une intrigue de palais, il parut indécis, faible au moment de l'action. Le Divan, pressé d'en finir avec l'homme qui portait une atteinte réelle à l'autorité du Sultan et ruinait les finances de l'empire, destitua sans hésiter le nouveau dignitaire, nommant à sa place le gouverneur de Morée Kourchid-Pacha.

---

1. Gouverneur général.

Celui-ci, obéissant aux ordres du conseil, rassembla en quelques jours ses meilleures troupes et se dirigea à marches forcées vers Janina, laissant le sud de la Grèce presque dépourvu de soldats. Il vit de suite que la lutte serait longue et difficile, le succès définitif ne pouvant être obtenu de vive force. Un bombardement, sans autre résultat que quelques magasins brûlés dans l'île, confirma son premier jugement. Il fallait donc agir de ruse. Sur ce terrain, Kourchid avait beau jeu contre Ali, épuisé, las enfin de combattre et hanté chaque nuit par de hideux cauchemars qui lui faisaient revivre tous ses crimes. En outre, comme délégué du Sultan, il possédait un prestige religieux qui rappelait à tous la malédiction du Hadji-Khalil Effendi. Cela, joint au découragement, à la fatigue et surtout au désir de regagner leurs montagnes, décida les Albanais à écouter les propositions qu'avait pu leur faire parvenir Kourchid. Un matin, les portes de la citadelle s'ouvrirent devant les Turcs, et le vieux pacha n'eut que le temps de se réfugier au fond de la casemate où se trouvaient ses munitions…

Ici les versions diffèrent considérablement dans tous les détails; ce qui reste avéré, c'est qu'Ali menaça de mettre le feu aux poudres, si, dans l'espace d'une heure, ses ennemis n'avaient pas quitté la place ; mais sa soumission complète, ajoutait-il, ne dépendait que d'un écrit apostillé du cachet impérial, lui promettant la vie sauve !

Quelques jours après, il se rendait à l'invitation de Kourchid, qui lui avait fait préparer un logement au couvent de Satira. Toutefois, il laissait dans la casemate un jeune Albanais resté fidèle et veillant, mèche allumée, à côté des barils de poudre défoncés, prêt à la jeter au milieu d'eux à la moindre agression. Comment Ali Pacha se décida-t-il à lui envoyer l'ordre qui le relevait de cette terrible faction, sa seule sauvegarde ? C'est ce que l'on a expliqué par un affaissement subit des forces du vieux lutteur ! Il est plus probable que, voyant sa perte certaine, il courba la tête devant le fait accompli ; il avait succombé, c'était écrit. Et peut-être redevenu croyant au moment de la mort, ne voulut-il pas ajouter une dernière atrocité à la liste de ses crimes.

Quelques heures plus tard, le drapeau du Sultan flottait au sommet de la dernière forteresse d'Ali de Tébélen, dont la tête était envoyée à Stamboul, où elle fut exposée avec cette inscription :

« Personne n'ignore de combien de faveurs,
« depuis trente à quarante ans, a été comblé Ali

« Tebelenli par la Porte de félicité; de combien
« de territoire elle augmenta sa domination et
« combien de grâces lui furent accordées, ainsi
« qu'à ses fils et ses adhérents. Sans apprécier
« tant de faveur, agissant avec une ingratitude
« marquée, au lieu de manifester sa servitude
« reconnaissante envers la Sublime Porte, il
« n'y a pas d'inquités qu'il n'ait commises contre
« les serviteurs de Dieu et du Prophète. Des
« crimes pareils à ceux dont il se rendit coupable
« ne se sont jamais vus nulle autre part. Mêlé à
« toutes les séditions, à toutes les révoltes, il en
« était ouvertement ou secrètement le moteur par
« son argent ou par ses intrigues.

« Non content des mansoubs confiés à son
« administration, il ne cessait d'essayer d'étendre
« sa domination sur d'autres provinces en fomen-
« tant le trouble et le désordre. Prenant les biens
« des uns, ruinant tout le monde, il était devenu
« le fléau des peuples dont la garde a été confiée
« par l'Être suprême au commandeur des croyants
« qui suivent la loi de Mohammed, dont le nom
« soit mille fois béni! Il a anéanti des familles
« entières en Albanie, à Iénitcher, Monastir et
« dans le Sarighiol. Informée de ses dépréda-
« tions, la Porte l'a plusieurs fois exhorté à

« changer de conduite et à songer à sa triste fin.
« Il refusa de déférer à ses remontrances, et,
« mettant le comble à ses scélératesses, il osa
« attaquer jusque dans la capitale notre serviteur
« Ismaïl — (auquel Dieu veuille accorder une fin
« heureuse). — La justice, autant que l'outrage
« fait à la majesté de notre vicariat, qui s'étend
« sur les deux mers et les deux continents, ayant
« rendu la punition de Tebelenli nécessaire, il fut
« destitué du vizirat et le gouvernement de ses
« provinces confié à Ismaïl. Alors se déclarant
« ouvertement rebelle et se flattant de pouvoir
« exécuter ses perfides desseins, il se fortifia dans
« le redoutable château de Janina, pensant résister
« aux forces toujours invincibles de la Sublime
« Porte. Il prouva l'intelligence secrète qu'il
« avait avec les insurgés grecs ennemis du Pro-
« phète, en expédiant des sommes considérables
« aux djiaours de la Morée et aux Souliotes. Il
« les excita à s'armer contre les musulmans,
« prouvant ainsi de plus en plus qu'il était un
« homme sans religion et sans foi, et d'ailleurs la
« loi et les droits de souveraineté exigeant sa
« mort, notre bien-aimé Romili vali-cy et seras-
« quier Kourchid-Pacha s'étant emparé de sa per-
« sonne, conformémeut au noble fatfa, ainsi qu'à

« l'ordre formidable du commandement impérial,
« lui a fait subir la peine de mort. Le peuple
« musulman a été ainsi délivré de ses violences,
« et celle-ci est la tête dudit Tebelenli Ali Pacha,
« traître à la foi [1]. »

Malheureusement, il faisait mentir le proverbe :
« Morte la bête, mort le venin ! » En succombant, ainsi que dit l'amiral Jurien de la Gravière, il laissa la révolution grecque comme un trait empoisonné au flanc de son maître.

1. Trad. Pouqueville.

CHAPITRE IV

LES PREMIERS MASSACRES
GALATZ. — YASSI. — LA MORÉE

La Morée, dégarnie de troupes ottomanes, était un terrain superbe offert à l'insurrection. Ce ne fut cependant pas là qu'elle éclata. Les hétaïristes, des Ypsilanti, des Soutzo, des Cantacuzène, eurent les premiers l'honneur de mettre en pratique, sous le couvert des mots Patrie et Liberté, le vol, le viol et l'assassinat. (En style philhellène, cela s'appelle s'élancer hardiment sur le chemin de l'immortalité, ou bien encore, mettre en branle le toscin qui sonne l'heure de la délivrance.)

Quand Ypsilanti rédigea son appel aux armes, qui, je le répète, n'eut d'abord qu'un assez faible retentissement, les soldats du padischach étaient si peu nombreux sur les rives du Danube, qu'un millier de braves, conduits par un chef énergique, s'en fussent rendus maîtres en quelques jours, depuis Orsova jusqu'à la mer Noire.

Le prince valaque n'était pas l'homme de la situation[1]. Il n'avait rien organisé, rien prévu, se fiant, disait-on, au hasard pour mener à bonne fin la révolte. L'anarchie était la conséquence forcée de cette incurie qui laissait livrée à elle-même une bande de conspirateurs, dont le plus grand nombre ne voyaient dans une prise d'armes que l'occasion de piller.

Ces hétairistes pouvaient-ils d'ailleurs prendre au sérieux la cause de la liberté hellénique, liberté à laquelle les sultans n'avaient jamais porté atteinte? Pouvaient-ils croire qu'en se ruant le couteau à la main sur des êtres inoffensifs, ils obtiendraient l'approbation d'une foule d'honnêtes gens aux yeux desquels Roumains, Bulgares, Valaques, Albanais chrétiens étaient confondus au titre de Grecs opprimés avec les Moréotes et les insulaires de l'Archipel, de même que pour certains Provençaux, tout homme qui porte le

---

[1]. Alexander Ypsilantes, had neither the hand, the head nor the heart capable of conducting a daring enterprise. — *Finlay.*

turban, le kalpak ou fez est un « Turc », fût-il Hindoustani, Persan ou Soudanais !

Mais les instincts de violence et de rapine avaient été attisés depuis trop longtemps chez cette population à moitié sauvage au milieu de laquelle l'élément turc, proportionnellement si restreint, représentait seul le commerce et l'agriculture. Le sang devait couler !

Sur les rives du Danube, je le répète, le despotisme ottoman ne se manifestait que par la présence de quelques hommes chargés de représenter le suzerain auprès des hospodars dont les troupes se composaient de mercenaires orthodoxes. Ces mercenaires étaient commandés en Moldavie par un Grec d'origine ionienne nommé Karavia ! Au service de la Russie, il avait acquis une certaine instruction militaire ; mais, sans talents et sans courage, il n'était propre qu'à la hideuse besogne qui devait rester son seul titre à l'admiration de ses compatriotes [1].

Assuré de ne courir aucun risque, il choisit le port de Galatz pour s'essayer dans la carrière

---

1. Ce Karavia, de même que la plupart des chefs hétairistes, était aussi lâche que féroce. Lorsque, quelques mois après, il se trouva en présence d'un petit corps d'armée turc, il donna le signal de la déroute et s'enfuit à toute bride, avant même que ses partisans aient pris contact avec l'ennemi.

lucrative de révolté chrétien. Là résidaient un certain nombre de négociants turcs. Une flottille marchande était constamment au mouillage devant les quais, et la sécurité des musulmans reposait sur un seul officier, commandant à quelques conscrits, venus d'Asie-Mineure, sachant à peine tenir un fusil. Ils étaient glacés par la bise des Balkans ou des marais danubiens, ces malheureux, élevés dans un pays de soleil; mais ni les souffrances subies, ni la mort atroce n'empêchèrent les meutes littéraires d'aboyer en faveur de leurs assassins. L'occasion était trop belle de faire ronfler des phrases vides, en vouant à l'exécration publique « les infâmes séides d'un tyran abhorré, les suppôts d'un joug odieux »!...

Ce fut le 5 mars 1821 que Karavia fit le premier essai pratique des théories hétairistes. Ses hommes envahirent en foule la petite caserne de Galatz, abattant sans danger ceux qui couraient aux armes, attirés hors de leur chambrée par les vociférations, puis criblant de balles au travers des fenêtres les indécis et les malades.

Quand ils n'entendirent plus que des râles, satisfaits de ce côté, ils se scindèrent en deux bandes, l'une devant saccager les maisons musulmanes, l'autre courant vers le fleuve pour s'emparer des barques de cabotage qui faisaient alors presque tout le transit des ports du Danube et de la mer Noire avec Constantinople.

Le plan fut rapidement exécuté. Avant d'avoir songé même à se défendre, les marchands turcs et les matelots tombaient égorgés jusqu'au dernier, sans que les assassins aient essuyé un coup de feu. C'était là le seul genre de victoire qui leur convînt! La nouvelle de ce brillant fait d'armes se répandit en quelques jours dans toute la province, prenant bientôt les proportions d'un triomphe. Les hétairistes de Yassi ne pouvaient manquer de se distinguer à leur tour, mais une résistance sérieuse était à craindre de la part des cinquante hommes qui composaient la garnison ottomane. Michaël Soutzo, fixé sur la bravoure de ses partisans, était peu soucieux de tenter l'aventure et fit promettre au commandant turc que, s'il ordonnait à ses soldats de mettre bas les armes, il ne devait rien craindre pour leur sécurité, ni pour celle des musulmans résidant à Yassi; les biens de tous seraient scrupuleusement respectés. En cas de résistance, au contraire, il ne répondait plus de rien. L'issue d'une lutte n'était pas douteuse, d'ailleurs, Ypsilanti devant arriver, d'une heure à l'autre, à la tête de forces importantes, avant-garde d'une armée russe prête à franchir le Danube. Cette dernière phrase répondait aux appréhensions de l'officier qui, s'illusionnant sur la politique du « petit père » des moujiks, s'attendait chaque jour à voir des milliers de lances cosaques apparaître à l'horizon. La fourberie slave et la facilité avec laquelle se parjuraient les représentants de l'hétairie n'étaient pas à la portée de son intelligence ; aussi crut-il fermement à la parole de Soutzo ! Devant la supériorité numérique de l'ennemi attendu, la seule condition qu'on lui imposait n'avait rien d'humiliant. Il pouvait donc capituler sans déshonneur, tandis qu'il eût été criminel d'engager un combat où tous les siens auraient trouvé la mort. De plus, le sang versé pouvait amener le massacre général de la colonie musulmane !

Le malheureux n'hésita pas : fusils, pistolets, sabres, il remit tout à l'envoyé de Soutzo, qui fit aussitôt fermer et garder les portes du quartier. En même temps l'ordre était donné d'arrêter et d'emprisonner séparément tous les Turcs de la ville, soi-disant pour les protéger contre la populace chrétienne. Ceci fait, on attendit que le précédent massacre fût dûment confirmé, les affidés de Yassi ne voulant pas encourir seuls la responsabilité des événements qui se préparaient. Mais l'incertitude ne dura pas ; on avait réellement tué, il fallait tuer aussi, et les orthodoxes eurent bientôt le plaisir d'enjamber, au milieu de leurs rues étroites, les cadavres de ceux devant lesquels ils s'inclinaient la veille, les plus curieux se pressant dans la caserne pour contempler les corps mutilés des soldats, dont la bouche grande ouverte par un dernier cri de souffrance ou de rage était déjà remplie d'un essaim de mouches bleues.

Ni le prince Soutzo, ni le prince Ypsilanti arrivé sur ces entrefaites, ne s'opposèrent un instant aux atrocités commises par les misérables qu'ils couvraient de leur nom [1]. Ils approuvèrent tacitement, au contraire, le parjure qui livrait, pieds et poings liés, la petite garnison et les négociants turcs aux « bouchers de la première heure ».

Rien n'est plus contagieux parmi certaines races que la folie du crime. Les assassinats de Galatz et de Yassi, connus dans toute la Grèce avec une

1. Peut-être alors étaient-ils trop occupés du côté pratique de l'entreprise, car Ypsilanti, ne trouvant pas à Yassi les sommes qu'il y supposait, fit arrêter un banquier grec, Paul Andréas, l'accusant de dissimuler des fonds appartenant à l'hétairie ! Paul Andréas comprit ; il versa au prince plusieurs milliers de livres, et l'accusation, qui ne reposait sur rien, fut e suite abandonnée.

inexplicable rapidité [1], y soulevèrent un enthousiasme qui secoua l'apathie des plus indifférents. Ce fut alors une de ces tueries qui feraient croire qu'un invincible besoin de voir le sang couler et de martyriser des êtres sans défense peut s'emparer soudain de tout un peuple, de même que chez les Malais la rage effrayante qu'ils nomment « amok » saisit parfois un homme paisible au milieu de ses occupations et le jette hurlant sur les siens, l'écume aux lèvres, les poings crispés !

Il est inutile de détailler les méfaits commis du 26 mars au 23 avril par les héros futurs de l'insurrection. Ils rempliraient un gros volume, illisible dès le premier chapitre, les mots trahison, viol, incendie et massacre revenant forcément à chaque phrase [2]. Un simple chiffre en dit assez : en trois semaines, une population de vingt-cinq mille âmes disparut, à l'exception d'un petit nombre de familles qui purent se réfugier dans quelques forteresses [3], mal approvisionnées, mais

---

[1]. Il est en effet stupéfiant de constater avec quelle vitesse les nouvelles se transmettent verbalement à travers des pays presque inhabités. L'exemple le plus frappant nous en a été donné au sujet de la prise de Khartoum, que les musulmans du Sénégal connurent avant le ministère anglais.

[2]. Voyez à l'Appendice les extraits de la *Station du Levant* et la *Régénération de la Grèce*.

[3]. Ces forteresses étaient : en Morée, celles de Tripolitza,

suffisantes néanmoins pour tenir momentanément à distance la cohue furieuse des révoltés. De tous les autres, pas un seul ne survécut; ni l'âge, ni le sexe, ni la maladie ne trouvèrent grâce devant ces brutes qui « voyaient rouge ».

Ici, cependant, je dois me contredire; je veux être impartial avant tout. La beauté de quelques jeunes femmes les préserva du couteau : vingt fois souillées en une heure, mourantes de dégoût, elles étaient attelées à des charrues, et l'aiguillon de bouviers improvisés s'enfonçait dans leurs épaules nues et dans leurs seins, chaque fois qu'elles tombaient demandant grâce !

Nauplie, Corinthe et Patras; dans la Grèce continentale, celles d'Athènes, Zeïtouni, Lépante, et les châteaux de Romélie et de Vonitza.

CHAPITRE V

MONEMBASIA ET NAVARIN

J'aurais pu grossir considérablement ces notes en y relatant les faits et gestes des Savas, des Germanos, des Georgeaki, des Papa Fléchas et de beaucoup d'autres. Mais ce n'est pas un livre si détaillé que j'ai voulu écrire, c'est un simple abrégé dans lequel j'essaye de mettre en regard la conduite des barbares esclaves du Croissant et celle des sublimes adorateurs de la Croix [1]. De très sérieux auteurs ont consacré « leurs veilles » à coordonner les événements où s'illustrèrent les grands hommes de l'Hellade renaissante, et je m'incline. Il est vrai, je ne crains pas de le dire trop souvent, que la plupart de ces écrivains ont

---

[1]. Voir les journaux d'alors : Bibliothèque nationale.

jugé hommes et choses à un point de vue tout spécial, Anglais et Français déblatérant contre les Turcs, parce que les Turcs sont musulmans et que des musulmans ne doivent plus être tolérés en Europe! Quant aux chroniqueurs grecs, comme MM. Alexandre Soutzo ou Tricoupi, le célèbre ministre, ils ont fait preuve d'un tact qu'on ne saurait trop admirer, en passant sous silence les principaux exploits de leurs compatriotes, lorsque ceux-ci furent maîtres des derniers refuges où s'abritaient les familles turques échappées au massacre. En dépit de leur écrasante supériorité numérique, les insurgés n'étaient pas hommes à tenter l'assaut d'une place forte, n'eût-elle qu'une poignée de défenseurs vigoureux et résolus. Ils temporisèrent donc, se fiant aux privations pour désarmer un ennemi devant lequel leur caractère cruel s'affirma dans la suite avec une telle continuité que nos officiers n'ont pu relever chez eux, pendant huit années de croisière, un seul acte d'humanité, un semblant même de pitié [1].

---

1. Le 27 janvier 1827, voici ce qu'écrivait l'amiral de Rigny, dans une heure de découragement : « Il est triste de dire que nulle part Ibrahim n'a trouvé parmi les Grecs de résistance sérieuse, si ce n'est derrière les murs de Missolonghi. Partout ailleurs les hommes fuient et abandonnent leurs femmes et

Au commencement d'avril 1821, trente mille hommes en armes établis sur les hauteurs environnantes cernaient les citadelles ottomanes, avec la patience de félins guettant une proie qui ne peut leur échapper. En Morée, d'après l'amiral Jurien de la Gravière, ils étaient ainsi répartis :

leurs enfants, et l'exemple même de Missolonghi ne contredit pas cette assertion qui semble si peu en rapport avec les bulletins grecs... Un convaincu cependant, au milieu de cette tourbe, a mérité de chaleureux témoignages d'estime. C'est Miaoulis, que l'extrait suivant d'un rapport du capitaine Peyronnet montre comme absolument différent des siens :
« Miaoulis, je serais tenté de le nommer le dernier des Grecs,
« tant le beau caractère qu'il déploie en toute circonstance
« contraste avec la mauvaise foi et l'effronterie inhérentes à
« l'immense majorité de ses compatriotes. Les hommes de son
« escadre commettent toutes sortes de désordres à terre. Ils
« pillent et dévastent les propriétés : des plaintes sont portées
« à Miaoulis, il répond : « Je ne promets pas la punition des
« coupables, encore moins de les contraindre à rapporter ce
« qu'ils ont pris, mon autorité ne va pas jusque-là ; tout ce que
« je puis vous demander, c'est à combien s'élèvent ces récla-
« mations. — Six cents piastres!... — Les voilà. » Et il les
« donne de ses propres deniers. Et cet homme a consumé
« toute sa fortune au service de son pays!... Ah! si les Grecs
« avaient l'ombre d'une telle vertu! Mais qu'ils en sont loin!
« ou plutôt ils lui en sont si complètement étrangers, qu'à
« leur manière d'apprécier les choses, un bienfait est une
« niaiserie de la part de son auteur, et jamais la reconnais-
« sance n'est obligatoire pour celui qui le reçoit. Il nous prou-
« vent plus encore, puisque leur haine est la conséquence des
« bienfaits qu'ils ont reçus de nous. Miaoulis connaît bien ses
« compagnons de gloire, et sa franchise en a dévoilé toutes
« les turpitudes. Enfin l'admiration dont j'étais rempli pour cet
« homme-là s'est sauvée du naufrage de mon enthousiasme
« pour ses compatriotes et même pour la cause des Grecs. »

deux mille observaient Coron, trois mille autres assiégeaient Modon et Navarin, quatre mille s'étaient réunis devant Patras, dix mille sur les hauteurs de Tripolitza, huit mille au pied de l'Acro-Corinthe, trois mille Maniotes cernaient Monembasia.

Ce fut cette forteresse qui tomba la première entre les mains des Grecs. Sa position sur un îlot escarpé[1] la rendait imprenable de vive force, et les assiégés eurent quelques jours l'espoir d'être ravitaillés par mer. L'arrivée d'une flottille ennemie qui établit de suite le blocus leur enleva cette dernière chance de salut. A bord des vaisseaux, si malencontreusement survenus, se trouvaient quelques prisonniers turcs, seuls survivants de trois cents négociants et matelots conduits à Spezzia, après une croisière fructueuse des pirates de l'île. Ces prisonniers, hommes et femmes, débarqués non loin des murs de Monembasia, furent assassinés de sang-froid sous les yeux des habitants qui refusaient de se rendre. Ce moyen d'intimidation ne fit que prolonger la résistance. Les musulmans avaient vu leurs nouveaux adversaires à l'œuvre, et dès lors la faim seule pouvait

---

1. Situé entre le cap Saint-Ange et le golfe d'Argos, sur la côte du Magne.

avoir raison d'eux. Après avoir mangé leur dernière poignée de grain, ils dévorèrent les chevaux, les ânes, les chats et les chiens, puis les rats et les serpents; ils firent bouillir dans l'huile les algues qui croissent entre les récifs et la mousse attachée au flanc des vieilles barques. Enfin las de souffrir, délirant presque, ils se ruèrent à plusieurs reprises hors de leur îlot, contre les postes avancés des Maniotes qui chaque fois s'enfuirent à toutes jambes, laissant quelques-uns des leurs sur le terrain, et les cadavres traînés dans la ville, dépecés en quelques minutes, servaient de pâture aux affamés [1].

C'est alors que s'interposa Démétrius Ypsilanti, nommé par acclamation commandant des forces moréotes. Frère de l'inepte et cruel fantoche qui assistait impassible aux égorgements de Moldavie, il possédait un grand avantage sur son aîné Alexandre; aussi fourbe, il jouait beaucoup mieux la comédie, sachant à l'occasion prendre son rôle au sérieux. Par l'entremise du prince Grégoire Cantacuzène, Démétrius fit pro-

---

1. En relatant ceci, M. Pouqueville se réjouit de ce que les Turcs aient dû manger de la chair humaine : « Et le ciel, écrit-il, le ciel vengeur des crimes, permit que les barbares fussent condamnés à chercher leur proie dans la chair de leurs ennemis. »

mettre aux assiégés que s'ils renonçaient à une défense où tous devaient succomber, leurs demeures seraient respectées, et qu'ils n'auraient rien à craindre pour leur vie tant qu'ils se montreraient sincèrement soumis. De plus, il mettait à la disposition de ceux qui préféreraient s'éloigner, trois bricks spezziotes, chargés de les conduire sur la côte d'Asie-Mineure, à l'endroit qu'ils désigneraient! Ypsilanti savait fort bien que les hommes dont il était soi-disant le général en chef ne respecteraient jamais une telle capitulation. Il prévoyait sans aucun doute ce qui eut lieu après la reddition de Monembasia, mais n'en montra pas moins alors contre les siens une vive indignation à laquelle il dut l'estime momentanée de nos officiers!...

Les Turcs, affaiblis et découragés, crurent à toutes les promesses. Ils ouvrirent les portes de la citadelle et livrèrent leurs armes, le plus grand nombre décidés à fuir les lieux où ils avaient tant souffert! Six cents de ces malheureux s'étaient embarqués déjà, lorsque les Maniotes firent irruption dans la ville, tuant en furieux tous ceux qui n'avaient pu gagner le rivage ou qui s'étaient fiés à la parole d'Ypsilanti, pillant, saccageant, sans faire de distinction, les maisons grecques et turques. Quant aux émigrants, après quelques heures de navigation, ils furent jetés sur un rocher de l'Archipel, dépouillés de tout vêtement, sans vivres, et insultés, frappés jusque dans l'agonie par des Aristides, des Périclès, des Alcibiades et des Thémistocles qui riaient au spectacle de leurs dernières convulsions.

Tous ne périrent pas cependant, grâce à l'initiative d'un négociant français, M. Bonfort, qui, peu auparavant, ayant nolisé un navire autrichien mouillé à Scala-Nova, put en secourir quelques-uns, « acquittant, dit l'amiral Jurien de la Gravière, l'engagement d'honneur contracté, au nom de la Grèce, par le prince phanariote ».

La plupart de ces faits ont été niés ou dénaturés par des chroniqueurs de mauvaise foi ou simplement fantaisistes [1]. Le passage suivant, extrait d'un rapport du contre-amiral Halgan, commandant en 1821 l'escadre du Levant, clôt toute discussion à ce sujet :

« Le 2 avril, les Maniotes se sont soulevés
« contre la forteresse de Malvoisie [2] (Monem-

---

1. Pouqueville, qui doit être rangé dans la première catégorie, celle des écrivains de mauvaise foi, trouve que les Grecs se sont conduits beaucoup trop humainement avec leurs ennemis!

2. J'ai partout reproduit l'orthographe de ceux que je cite.

« basia) et des villages circonvoisins. La capitula-
« tion signée avec le prince Ypsilanti, les Magnotes
« et les Grecs de la Morée désapprouvèrent ce
« général pour avoir usé de beaucoup d'humanité
« envers les habitants de Malvoisie qu'ils pré-
« tendaient massacrer et dépouiller. Ils se firent
« donc un passage par la forteresse, contre la
« volonté du prince, entrèrent dans la ville et
« en dépouillèrent toutes les maisons turques ou
« grecques. Le général, indigné d'une conduite
« aussi atroce, partit avec vingt ou vingt-cinq de
« ses officiers pour Spéciès ou Hydra; on ignore
« actuellement s'il est de nouveau retourné en
« Morée. *On a trouvé dans la forteresse de Mal-*
« *voisie trois cents Grecs que les Turcs ne moles-*
« *tèrent jamais. Bien loin de là, ils les traitèrent*
« *comme leurs propres frères pendant la famine,*
« *respectèrent toujours leurs églises; mais les*
« *Magnotes et les Grecs de la Morée ne les payè-*
« *rent pas de retour lorsqu'ils prirent possession*
« *de la ville; ils commirent toutes sortes d'infamies*
« *dans les mosquées des Turcs*[1].

« Les prisonniers furent débarqués sans provi-
« sions à Casso-Missi... On trouva à terre toutes

---

1. Je crois inutile de commenter ces lignes; il suffit de les souligner

« ces infortunées familles, mourant de faim et de
« soif, couchées sur des pierres, et, tout autour
« de l'île, les cadavres de ceux qui en étaient
« morts. Malgré cela, les Grecs voulaient encore
« assouvir des haines particulières et fusiller de
« ces malheureux; M. de Bonfort dut employer
« la menace pour pouvoir embarquer tout le
« monde à son bord, et en disant aux capitaines
« grecs qu'ils agissaient comme des pirates et des
« écumeurs de mer [1]. . . . .
. . . .

La capitulation de Navarin, signée quelques
semaines après celle de Monembasia, marqua un
degré de plus dans la folie sanguinaire des révoltés. Quelques familles turques, pressées par
la faim dès le début du siège, se livrèrent à la
merci des Grecs voisins, avec lesquels elles
n'avaient jamais eu que de très bons rapports.
Ces anciens amis, pour reconnaître une telle confiance, leur imposèrent de suite à coups de fouet
des corvées écrasantes. Ils connurent, ceux-là,
l'esclavage dans toute la force du terme, non pas
celui des musulmans, qui n'est autre chose qu'une
servitude très douce, mais celui des chrétiens, le

1. Archives du Ministère de la marine, 1821.

travail incessant sous un soleil de plomb, rétribué par l'injure et la bastonnade au moindre cri de douleur; l'esclavage enfin, tel que l'ont si bien pratiqué, pendant plus de deux siècles, les planteurs ultra catholiques des Antilles et de l'Amérique du Sud.

Ce fut le 19 août 1821 que les Grecs prirent possession de Navarin. La faim, leur grande auxiliaire, avait encore triomphé. Les habitants abandonnaient, en plus du trésor public, tout ce qu'ils possédaient comme bijoux ou vaisselles de prix, ne se réservant que quelques vêtements et des ustensiles de ménage. Les insurgés, de leur côté, prenaient l'engagement formel de conduire les prisonniers soit à Tunis, soit à Alexandrie, où ils se retrouveraient libres en terre musulmane. Aussitôt le traité conclu, un brick vint mouiller dans le port, et les Turcs se mirent en devoir d'y transporter les maigres ballots qui constituaient dès lors toute leur fortune.

Avant l'embarquement, chacun devait être fouillé pour que nul objet de valeur n'échappât aux nouveaux maîtres du pays. Cette visite fut assez bénévole pour ceux qui se présentèrent les premiers, vieillards ou malades que leur famille avait hâte de voir à l'abri du danger. Mais quand parurent les femmes et les jeunes filles, la scène changea en un instant. Au milieu des rires et des quolibets obscènes de la foule, les douaniers improvisés, entr'ouvrant les corsages, promenèrent leurs mains crasseuses sur des corps dont les frisonnements de dégoût exaspérèrent ces Grecs, fils, maris et frères de créatures prêtes à se louer à tout venant. Leurs attouchements devinrent brutaux, et une clameur s'éleva parmi les musulmans témoins de cette ignoble scène. Le prétexte attendu était donné; quelques minutes après, l'ivresse du meurtre transformait en charniers les rues et le port de Navarin. Les défenseurs de la liberté hellénique augmentaient d'un chapitre le tome premier de leur histoire. Un prêtre orthodoxe, Phrantzès, qui a laissé d'intéressants mémoires sur les premières années de la Révolution, résume ainsi quelques-unes des scènes dont il fut témoin :

« Des jeunes filles qui, pour échapper aux
« meurtriers, couraient vers la plage, atteintes
« déjà de balles et de coups de sabre, étaient
« visées avec soin et tuées. Des femmes tenant
« un enfant dans les bras eurent leurs vêtements
« déchirés, et celles qui se jetaient au milieu des
« vagues pour cacher leur nudité servaient de

« cibles aux tireurs adroits. Des bébés arrachés
« à la mamelle de leur mère eurent la tête écrasée
« contre les rochers ; des garçons et des fillettes
« de quatre ou cinq ans furent noyés en masses
« comme des portées de chiens. »

CHAPITRE VI

TRIPOLITZA

En lisant un récit de la conquête du Mexique et du Pérou, on pourrait croire que la « bête humaine » accomplit alors, au nom du Christ, la plus sanglante besogne qui jamais ait souillé l'histoire d'une race. Pendant trois siècles, en effet, les succès des aventuriers espagnols, des « conquistadores », reléguèrent au second plan les crimes commis dans le vieux monde, au cours de ses luttes religieuses et de ses bouleversements politiques. Il était réservé aux Grecs seuls, aux Grecs du dix-neuvième siècle, de dépasser dans la même voie les soldats bien pensants de Pizarre et de Fernand Cortez.

La prise inespérée de Tripolitza donna l'occasion aux Hellènes de mettre en pleine lumière des talents longtemps méconnus, et que les faits d'armes qu'on a pu lire n'auraient été signalés qu'insuffisamment à l'attention de l'Europe. Ces actions d'éclat d'ailleurs n'auraient été suivies que de déceptions. Entre autres, il ne pouvait rester aux révoltés qu'un triste souvenir du pillage de Navarin, auquel succéda un incident pénible qui blessa profondément leur délicatesse. Après mûre réflexion, les chefs avaient décidé que les dépouilles seraient divisées en trois parts égales, destinées au Trésor national, aux troupes et aux marins qui assuraient le blocus. Mais auparavant, pour que nul larcin ne fût possible et que la répartition se fît avec ordre, la majeure partie du butin avait été embarquée à bord de deux bricks spezziotes mouillés à quelques encablures du port. Au moment où les délibérations prenaient fin, la foule qui regardait avec convoitise les vaisseaux porteurs d'une si belle cargaison, assista stupéfaite à une singulière manœuvre. On vit les matelots déployer rapidement toutes leurs voiles, puis les deux bricks, après avoir couru quelques bordées dans la rade, se dirigèrent en ligne droite vers la haute mer et disparurent bientôt à l'horizon.

La déception était cruelle, et l'ardeur générale

en fut considérablement refroidie, car les voleurs volés n'hésitèrent pas à mettre sur le compte d'un groupe d'officiers ce stratagème qui les privait du plus clair de leurs bénéfices ! Les Grecs n'acceptaient plus le contrôle de la Porte, mais en même temps ils voulaient être riches, princièrement riches ! Or, sous le régime turc, à défaut de fortune, tous ceux qui consentaient à travailler[1] pouvaient vivre sans peine dans une aisance relative. La leçon de Navarin leur donnait à craindre que non seulement l'existence dorée qu'on avait fait miroiter devant eux ne descendrait jamais de la région des rêves, mais encore qu'une misère profonde allait remplacer le demi bien-être d'autrefois. Chacun faisant son examen de conscience et jugeant non sans raison ses compatriotes d'après lui-même, se disait avec appréhension qu'à la merci d'un gouvernement national, il serait impossible aux Grecs d'être régis par des mandataires plus désintéressés que des chefs de brigands, et dont l'esprit s'arrêtât un instant à d'autres préoccupations que celles-ci : « tromper et voler leurs supérieurs, faire assassiner leurs concurrents, dépouiller leurs administrés ! »

1. A la vérité, ils étaient bien rares, ceux-là.

Ces réflexions décourageantes, en amenant de nombreuses désertions, procurèrent quelque répit aux Turcs réfugiés dans les cidatelles de Modon et de Coron. Il n'en fut malheureusement pas de même pour ceux qui, des remparts de Tripolitza, voyaient le nombre de leurs ennemis augmenter de jour en jour, jusqu'à former autour de la ville une ceinture infranchissable de trente mille démoniaques, hantés de la folie du meurtre. Ici, comme à Navarin, les officiers grecs s'ingénièrent à frustrer leurs hommes. Certains que la ville tomberait avant peu au pouvoir de ces forcenés qu'ils étaient incapables de maîtriser, ils résolurent de se faire, sous main, une bonne part de prises anticipées, dont ils n'auraient compte à rendre à personne. Le moyen auquel ils eurent recours consistait à faire parvenir la nuit aux assiégés quelques provisions qui n'étaient livrées qu'en échange de sommes exorbitantes ou de bijoux à pleines poignées. Ce petit commerce, accompagné de pourparlers pointilleux, de promesses à réticences, prolongeait le siège au delà de toutes prévisions. Les Turcs en arrivaient à croire que leur position n'était pas aussi désespérée qu'elle le paraissait. En même temps les officiers arrondissaient leur bourse et, mis en appétit, se promettaient bien de faire durer la situation jusqu'à ce qu'il ne restât plus dans tout Tripolitza un seul objet de prix. Ce beau projet ne pouvait se réaliser, étant donnée la confiance que les Grecs s'inspiraient mutuellement. Certaines allées et venues parurent suspectes, et un espionnage facile de quelques nuits convainquit les assiégeants que leurs chefs les bernaient avec une absence de scrupules et un manque de précautions touchant à la naïveté. Il n'y avait là rien qui dût les étonner, à plus forte raison, rien qui les indignât. Le fait anormal eût été pour eux, au contraire, que des hommes de leur race n'aient su profiter d'une occasion qui leur permettait, sans péril et sans fatigue, de gonfler leurs sacoches de ducats. Mais ils ne pouvaient admettre que la prise de Tripolitza — les premiers plaisirs épuisés — ne leur rapportât pas la moisson rutilante sur laquelle ils comptaient pour éblouir à leur retour au village toutes les Titoulas et Katinas de la contrée. Pour cela, il fallait agir au plus vite, tous le comprenaient. Une vraie fièvre s'empara de l'armée, donnant aux plus lâches une détermination farouche. Quelques heures seulement après que la conduite des officiers eut été dévoilée, un groupe de volontaires exaltés jusqu'à la frénésie à l'idée du carnage prochain, se ruant à l'improviste sur une des portes de la ville, la porte d'Argos qu'on savait mal gardée, la brisèrent en un instant et firent irruption dans la tour voisine dont les défenseurs tombèrent poignardés, sans avoir pu donner l'alarme. La voie était ouverte; sur les pas des premiers assaillants des centaines de furieux se précipitèrent, et le massacre commença! Il dura trois jours, trois jours pendant lesquels ces hommes de proie ne se lassaient pas de frapper et de torturer. « En atrocité comme en durée, dit Finlay, cette scène n'a pas d'égale dans l'histoire [1]. »

Les récits de l'hécatombe de Tripolitza atteignent, en effet, une telle intensité d'horreur, qu'on croirait lire en les parcourant des divagations de cerveaux malades, hallucinés par l'absinthe ou l'opium. Mais non, les faits sont là, irréfutables [2], avoués par les criminels qui s'en

---

[1]. Un officier français fourvoyé, le colonel Raybaud, a raconté tout au long la prise de Tripolitza, à laquelle il assistait. Je n'ai pu malheureusement me procurer que des extraits de son ouvrage : *Mémoires sur la Grèce*. — Tous confirment d'ailleurs les nombreux documents que j'ai eus entre les mains.

[2]. *History of Greece*, vol. VI, p. 218. Voici le passage dans lequel le célèbre historien résume la prise de Tripolitza : « A

glorifiaient. Oui, des milliers d'hommes, des jeunes gens pour la plupart, ont su trois jours de

scene of fighting, murder and pillage then commenced, unexampled in duration and atrocity even in the annals of this bloody warfare. Human beings can rarely have perpetrated so many deeds of cruelty on an equal number of their fellow-creatures as were perpetrated by the conqueros on this occasion. Before the Greek chiefs could enter the place, the whole city was a scene of anarchy, and their misconduct had rendered them powerless to restore order, or to arrest the diabolical passions which their own avarice and dishonourable procedings had awakened in the breasts of their followers. »

Je ne crois pas inutile de reproduire également les quelques phrases que le baron Juchereau de Saint-Denys consacre aux vainqueurs. C'est un philhellène qui parle : « **Les Grecs**, ani-
« més par la fureur et par l'avidité, ne pensaient qu'à tuer et
« piller. Rien n'était respecté par eux : les vieillards, les
« femmes, les enfants périssaient par le fer ou le feu. C'était
« en vain que l'honnête Petro-bey, chef des Maïnotes, ordon-
« nait de cesser les massacres et réclamait la pitié des chré-
« tiens. Ses cris et ceux du vertueux Athanase Kanakaris
« n'étaient pas écoutés. Les propres soldats de Petro-bey,
« sortis avec lui des montagnes du Taygète, n'écoutaient plus
« sa voix. Entraînés par les autres Grecs, ils se distinguaient
« par leur amour du sang et du brigandage. Le lendemain,
« 6 octobre, la ville ne présentait que des monceaux de cada-
« vres et de décombres. Le palais du pacha, les mosquées, les
« bains publics avaient disparu. La citadelle, qui aurait pu
« continuer la défense si elle avait été approvisionnée, con-
« sentit à capituler. Un écrivain anglais (M. Green, consul
« d'Angleterre à Patras) dit que le nombre de prisonniers faits
« par les Grecs à Tripolitza s'élevait à six mille hommes et à
« douze mille femmes et enfants. Ces prisonniers, ajoute cet
« écrivain, furent conduits hors de la ville et massacrés au
« nombre de douze mille par leurs cruels vainqueurs. Les
« Juifs furent enveloppés dans ce massacre. On épargna seule-
« ment les hommes qui pouvaient payer leur rançon. Les
« jeunes filles et beaucoup d'enfants furent réservés pour être
« vendus comme esclaves. »

suite martyriser des vieillards, des malades, des
enfants, tuer les femmes, des petites filles à force
de les violer, et les violer jusque dans la mort!
Puis, effrayés de voir les corps de leurs victimes
s'amonceler dans les rues, ils ont fait le serment
à des fuyards affolés de leur laisser la vie, la
liberté même, s'ils enfouissaient ou brûlaient ces
cadavres dont la putréfaction commençante empes-
tait l'atmosphère, et, la lugubre tâche accomplie,
ils assommaient les fossoyeurs à coups de pierres,
trop stupides pour comprendre qu'ils créaient un
nouveau foyer d'infection [1]...

Rien de tout cela n'a été nié; personne n'a
traité de calomnies [2] les accusations précises lan-
cées contre ces misérables à qui fut certainement
inconnu tout sentiment humain. On cherche en
vain des mots pour les qualifier; aucune langue,
aucun argot, ne fournit un vocable qui puisse
leur convenir; ils échappent aux dictionnaires,
et M. Pouqueville lui-même renonce un instant
à les applaudir : « Le lecteur, écrit-il avec son
« emphase chronique, peut choisir à son gré

---

1. Il s'ensuivit une épidémie qui ravagea toute la Grèce,
fauchant, en quelques semaines, plus d'assassins qu'en huit
années la justice des Turcs et des Égyptiens.
2. Pas même M. Tricoupi.

« la relation la plus horrible que les historiens
« nous ont transmise du sac des villes dans les
« siècles bibliques où l'on égorgeait jusqu'aux
« animaux, et il aura le tableau fidèle de la prise
« de Tripolitza! Pour nous, fatigué de retracer
« des scènes de carnage, nous nous contenterons
« de dire que huit mille Turcs furent passés au fil
« de l'épée, et qu'un nombre plus considérable de
« femmes. . . . .
« nous n'avons pas le courage d'achever. » . .
. . . .

Sans tomber en faiblesse comme M. Pouqueville, je pense en avoir dit momentanément assez, quant aux exploits des révoltés, exploits sur lesquels je n'aurai que trop tôt à revenir. En attendant, il m'a paru curieux de rechercher l'origine de cette haine implacable qui animait les orthodoxes du Péloponèse, de la Roumélie et de l'Archipel, contre une population avec laquelle ils vivaient côte à côte, en excellents termes le plus souvent. On pourrait croire que le soulèvement de 1821 fut une sorte de Jacquerie, l'explosion de fureurs amassées pendant des siècles d'injustice et de spoliations. Il n'en est rien, et là se pose un problème, bien facile à résoudre, du reste. Les musulmans massacrés étaient pour la plupart de purs Grecs, descendant de familles ralliées à l'islam depuis peu de générations, mais ayant conservé presque toutes les coutumes de leurs compatriotes demeurés chrétiens. Fermiers et cultivateurs, ils ne s'inquiétaient pas de la religion de ceux qu'ils employaient. Le second groupe de « croyants » se composait d'anciens soldats à qui le Sultan avait accordé un lopin de terres arables, un « timar », d'où le nom de « timariotes » donné aux concessionnaires. Comme les précédents, ils vivaient tranquilles du produit de leurs champs. Les campagnes, fertilisées par tous ces petits propriétaires, offraient une image de prospérité qu'elles n'avaient jamais eue et qu'elles ne retrouveront jamais !

Pourquoi donc ces hommes inoffensifs ont-ils soulevé tant de colères autour d'eux ? Pourquoi ?... L'envie était là, tout simplement, l'envie féroce du paresseux qui, misérable, affamé, ne met pas sa détresse au compte de sa fainéantise, mais en accuse le travail du voisin laborieux, dont le bien-être l'exaspère sourdement, jusqu'au jour où tout ce qu'il a de mauvais dans le cœur lui monte à la tête et, suivant l'époque, peut en faire un glorieux défenseur de la Foi, un héros d'une Indépendance quelconque, un anarchiste !...

« Où les musulmans ont passé, l'herbe ne pousse plus », dit un proverbe catholique. L'herbe poussait cependant au commencement du siècle, et bien verte et bien drue, dans les vallées de la Grèce; elle poussait en Andalousie au temps où les rois maures gouvernaient le royaume le plus riche et le plus civilisé du monde ! Parcourez donc ces deux pays aujourd'hui, et vous verrez ce qu'ils sont devenus depuis que les « Barbares » en ont été chassés !

Seulement, ne voyagez qu'en nombre et bien armés.

CHAPITRE VII

LES REPRÉSAILLES A CONSTANTINOPLE

« En tous pays, de semblables excès eussent
« amené de sanglantes représailles ; en Turquie,
« ils devaient nécessairement raviver la férocité
« d'un peuple qui s'est toujours montré impi-
« toyable, parce que ses croyances [1], non moins
« que son tempérament, le rendent insensible au
« spectacle des souffrances humaines. »

Si tout autre que l'amiral Jurien de la Gravière
avait écrit ces lignes, je dirais que les affirmations
qu'elles contiennent sont d'ineptes mensonges. Je
ne puis me permettre un pareil langage à propos
du brave marin, aveuglé par sa religiosité qui,

---

1. N'est-il pas attristant de voir un esprit élevé affecter une telle ignorance du code religieux qui s'étend le plus longuement sur les devoirs des heureux et des forts envers les faibles et les souffrants ?

avec l'âge, devint une monomanie, sous l'empire de laquelle il perdait toute justesse d'appréciation, chaque fois qu'il parlait des « ennemis de la Croix ». J'écrirai donc simplement qu'il commit dans certaines de ses œuvres de nombreuses erreurs. Malheureusement les erreurs de ce genre, répandues par un écrivain estimé de tous, exercent la même influence que les plus incontestables vérités. Et c'est une tâche difficile de rétablir sous leur vrai jour les événements dénaturés du tout au tout par cette disposition de beaucoup d'esprits qui ne voient pas les choses comme elles ont eu lieu, mais bien comme ils voudraient qu'elles se fussent passées.

Lorsqu'il s'agit d'une tragédie lointaine de l'Histoire, eussiez-vous cent preuves en main pour établir qu'on les représente aujourd'hui très inexactement, il est inutile d'en essayer la rectification. Elle est devenue classique, et la discuter constitue presque un sacrilège. Personne enfin, le cas échéant, ne vérifierait l'exactitude de vos dires; quelques pédants s'élèveraient contre eux avec indignation; la masse des lecteurs ne les connaîtrait même pas.

Au sujet de faits relativement récents, et lorsqu'on les appuie de notes aussi précises que celles qu'il m'a été permis de consulter aux archives de la Marine, on peut conserver l'espoir de se faire écouter. C'est pourquoi je n'ai pas hésité à entreprendre un ouvrage dans lequel j'ose affirmer que les représailles exercées par les Turcs contre les révoltés n'eurent rien du caractère implacable qui jeta une honte sur l'armée anglaise après la mutinerie des cipayes; et qui, bien qu'un peu atténué, s'est montré plus d'une fois chez nos troupes d'Algérie [1].

1. Tous ceux qui lisent savent quelle indignation a soulevée en France (dans le monde entier, d'ailleurs) la conduite des Anglais après le soulèvement des affidés de Nana Sahib. Il m'a paru intéressant de connaître l'opinion de nos excellents amis sur notre façon d'agir avec les Arabes pendant la conquête de l'Algérie, et je traduis le passage suivant de Stanley Lane Poole, dont la vie tout entière a été consacrée à l'étude de l'Islam et de ses peuples. — Ces lignes avaient leur place marquée dans un livre intitulé : *Musulmans et Chrétiens*. — « Ce n'est pas dire trop qu'à partir du moment où les Français, maîtres d'Alger, résolurent l'asservissement des tribus de l'intérieur, jusqu'aux leçons de la guerre de 1870, qui en France mit au second plan l'élément militaire, l'*Histoire de l'Algérie* n'est qu'une longue suite, sous la loi brutalement stupide des camps, de violations d'engagements sacrés, d'inexcusables massacres d'indigènes inoffensifs des deux sexes et de tout âge, d'exécutions sans jugement, de sévérités sans raison!... » Rien n'est plus humiliant dans les annales de l'annexion que cette conquête de l'Algérie. C'est cette vieille histoire, l'essai de gouverner ceux que les conquérants appellent « des nègres » avant même d'avoir essayé de les comprendre! La justice et l'esprit de conciliation auraient fait plus en quatre ans que l'intolérance et la tyrannie martiales en quarante! Dans ces années de misérables guérillas pendant lesquelles des comman-

Ces représailles eurent pour théâtres principaux Constantinople, Smyrne et Chio! Chio, l'île popularisée chez nous par le tableau d'Eugène Delacroix, aussi médiocre que célèbre, car il est à remarquer que la cause hellénique n'a pas plus heureusement inspiré les peintres que les poètes et les orateurs.

A Constantinople, le gouvernement, averti des premières intrigues hétairistes, s'était d'abord contenté d'expulser certains vagabonds connus et d'ordonner quelques visites domiciliaires dans le quartier du Phanar, où la police avait saisi un grand nombre d'armes prohibées, chez des Grecs soupçonnés de faire partie de la nouvelle association dont le véritable but échappait à la perspicacité des agents de la Porte. Comment croire, en effet, que ces conjurés, dans lesquels ils voyaient des agitateurs locaux plus ridicules que dangereux, fomentaient un complot, qui, réussissant, eût obligé tous les musulmans européens à passer le Bosphore à la suite du Sultan? Il fallut les

---

dements célèbres comme Bugeaud, Pélissier, Canrobert, Saint-Arnaud, Mac-Mahon et bien d'autres, prirent leurs premières leçons démoralisantes de la vie guerrière, notre admiration et notre intérêt ne sont excités que par les tribus arabes!

Il est hors de discussion que c'était folie de leur part de lutter contre l'irrésistible, mais il n'est pas moins vrai qu'ils luttèrent splendidement.

massacres de **Galatz** et de **Yassi** pour faire comprendre en haut lieu l'importance du mouvement qui se dessinait. De plus, une guerre prochaine avec la Russie semblait inévitable ; une vive inquiétude se répandit à Constantinople, où plusieurs hétairistes furent aussitôt arrêtés comme otages. Quelques jours après, ceux qui avaient le plus activement contribué à propager les idées révolutionnaires payaient de leur tête un excès de zèle maladroit [1].

Puis deux semaines se passèrent, presque tranquilles, lorsqu'on apprit l'effrayante tuerie qui faisait de la Grèce tout entière un charnier pestilentiel. Il y eut un frémissement d'horreur dans la foule, et des cris de vengeance retentirent de tous côtés. Le Sultan dut céder [2] devant le flot montant de l'émeute provoquée par la férocité des insurgés, et, malgré les avis du cheikh-oul-islam [3],

---

1. 3 avril 1821.
2. A dater de ce jour, les Grecs n'appelèrent plus le sultan Mahmoud que « le boucher ». Je serais curieux de savoir comment ils se fussent qualifiés s'ils avaient été capables de juger leurs propres actes.
3. Il ne vous est pas permis, disait-il aux partisans des mesures violentes, de frapper l'innocence et de confondre sa cause avec celle du coupable. — Les Grecs de l'Archipel, pour le récompenser d'avoir élevé la voix en faveur de leur coreligionnaire du Phanar, l'égorgèrent un mois après avec tous les siens. — Voyez p. 134.

qui conseillait la clémence, il ordonna de nouvelles exécutions.

Un certain nombre de Phanariotes, convaincus d'avoir entretenu des intelligences avec les Ypsilanti et les Soutzo, furent décapités ou pendus. Parmi eux se trouvaient Mourousi [1], premier drogman de la Porte, et le patriarche Gregorios [2]. Le corps de celui-ci fut exposé pendant trois jours, puis, livré aux Juifs, qui le jetèrent dans le Bosphore, après l'avoir traîné par les pieds dans tous les ruisseaux de Stamboul, en le frappant et le mutilant. Ces êtres immondes assouvissaient ainsi sur un cadavre, la haine que leur inspiraient indistinctement tous les Grecs, leurs seuls maîtres en fourberie.

Le peuple cependant continuait à s'agiter. Chaque jour arrivaient de nouveaux détails sur les méfaits sans précédents des Grecs, et la colère s'emparait des plus paisibles. Pendant un mois les raïas tremblants demeurèrent barricadés chez

---

[1]. J'ai déjà parlé de ce traître qui profitait de la confiance qu'il avait su inspirer au Sultan, pour révéler à ses acolytes de l'Hétairie tous les secrets de la diplomatie ottomane.

[2]. Le patriarche Gregorios, moins infâme que Mourousi, puisqu'il n'était pas l'obligé direct de son souverain, n'en fut pas moins coupable de haute trahison, en s'affiliant aux bandits qui cherchaient à renverser l'empire dont il était un des fonctionnaires importants.

eux ou se réfugièrent auprès des familles musulmanes dont l'hospitalité ne se démentit pas une seule fois. Puis le calme se rétablit peu à peu; la tempête qui grondait à Stamboul s'éloigna sans éclater, et tout se borna dans sa capitale à quelques crimes isolés commis par cette lie de la populace qu'en tout pays on voit, aux jours sombres des guerres civiles, surgir de repaires ignorés jusque-là.

CHAPITRE VIII

SMYRNE ET CHIO

« A Andrinople, à Salonique, à Cos, à Rhodes, « partout où il y avait des Grecs, on eut à signa- « ler de semblables violences; à Smyrne, l'exis- « tence des Européens eux-mêmes fut en péril. » C'est encore l'amiral Jurien de la Gravière qui me fournit la première phrase de ce cha- pitre [1]. Quelques lignes plus loin, il invoque à l'appui de sa thèse le témoignage du capitaine de frégate Lenormant de Kergrist, chef de la station française mouillée devant Smyrne. Dans les rapports de celui-ci, je n'ai rien trouvé qui justifiât les accusations portées contre les Turcs par le célèbre académicien au sujet des « troubles

---

1. *Station du Levant*, t. I, ch. VI.

de Smyrne ». M. de Kergrist semble, au contraire, trouver assez ridicule la conduite des orthodoxes affolés à l'idée de représailles affreuses qui leur semblaient inévitables.

« Des bâtiments, qui arrivèrent de Constanti-
« nople, écrivait-il le 17 avril 1821, répandirent
« la terreur parmi les Grecs en annonçant que
« le peuple s'y était armé et avait massacré les
« chrétiens. En un instant, les maisons grecques
« furent abandonnées, et l'on vit le rivage cou-
« vert de ces malheureux qui, à la vue d'un Turc,
« se précipitaient avec leurs enfants dans les
« canots et même dans la mer. En vain le gou-
« vernement s'efforça-t-il de rétablir le calme,
« il ne put y parvenir. »

Lorsqu'une telle panique s'empare de toute une population, il se trouve immanquablement parmi elle quelques misérables qui s'ingénient à augmenter la confusion générale, au milieu de laquelle ils font presque à coup sûr une razzia superbe.

A Smyrne, où les Grecs étaient et sont encore en grande majorité, pullulaient, de même qu'aujourd'hui, des individus prêts à toute infamie lucrative, à la condition qu'elle ne présentât aucun danger sérieux. Le passage suivant d'une lettre adressée au ministre de la marine ne laisse pas de doute à ce sujet [1] : « Des hommes, à qui « tous les moyens sont bons pour gagner de « l'argent, faisaient courir les bruits les plus « alarmants dans les quartiers grecs sur les pro- « jets des Turcs, et dès qu'on savait qu'un de « nos bâtiments partait pour remplir une mission « dans l'Archipel, j'étais assailli d'une foule de « demandes pour permettre l'embarquement de « plusieurs familles grecques. Il serait trop long « de relater à Votre Exellence tous les moyens « qu'emploient la cupidité et la malveillance « pour gagner de l'argent sous prétexte d'huma- « nité ; il faut être sur les lieux pour pouvoir s'en « convaincre. »

. . . .

Cette agitation fébrile fut mal interprétée par les troupes recrutées à la hâte en Asie-Mineure, dans le but d'opérer le plus tôt possible des débarquements sur les points menacés par l'insurrection. Ils ne comprenaient pas, ces musulmans, que des milliers d'hommes bien armés pussent être assez lâches pour se sauver à leur approche, comme des criminels traqués par les

---

[1]. De la Mellerie. Archives, 19 juillet 1822.

« zaptiés[1] », et dans tous ces fuyards ils voyaient autant d'ennemis déterminés de la foi, prêts à grossir les bandes de la Morée ou les équipages pirates, dont les voiliers insaisissables venaient parfois cingler jusqu'en vue des forts qui dominent la rade.

Trois fonctionnaires[2], accusés de favoriser le départ en masse des chrétiens, furent mis à mort, et quelques scènes de violence qui s'ensuivirent portèrent à son comble la terreur des raïas. Les consulats furent, en peu de minutes, envahis par une foule épouvantée jusqu'à la folie, et dont les cris désespérés arrivaient jusqu'aux vaisseaux mouillés à près d'un mille du port.

Il faut cependant croire que les recrues turques, auteurs de cette panique, et les janissaires qui les encadraient n'étaient pas des ennemis bien farouches, puisque, d'après l'amiral Jurien de la Gravière lui-même[3], le langage conciliant du consul de France[4], le café qu'il fit apporter les calmèrent à demi : « Ils consentirent, ajoute-t-il, à laisser

---

1. Gendarmes turcs.
2. Le mollah, le naïb son lieutenant, et le bach ayan ou maire.
3. *Station du Levant*, t. I, p. 89.
4. M. David, homme de haute valeur et comme malheureusement il n'en a jamais existé que fort peu dans notre corps consulaire.

« embarquer les femmes, les enfants, les vieil-
« lards et les prêtres. Pendant quatre heures,
« secondé par son drogman, M. Pierre Maracini,
« par son secrétaire, M. Sommaripa, le consul de
« France présida en personne à l'embarquement.
« On vit alors, — tant le cœur de l'homme est
« étrange [1], — des Turcs soutenir d'un bras
« ensanglanté les femmes toutes tremblantes dont
« ils venaient peut-être d'égorger les maris [2] ; on
« les vit aider ces malheureuses à porter leurs
« paquets, et quand les embarcations s'éloi-
« gnaient, près de couler bas sous leur charge,
« c'étaient encore eux qui prenaient les enfants
« restés sur le rivage pour les remettre aux bras
« tendus des mères. »

La colère des musulmans était dès lors apaisée, et, de même qu'à Constantinople, les rues et les marchés ne tardèrent pas à reprendre leur aspect habituel !

En pareille circonstance, des Européens « civilisés » se fussent-ils aussi promptement calmés

---

1. Aucune étrangeté de ce genre n'a été encore signalée chez les Grecs.
2. Je tiens à faire remarquer l'invraisemblance de ce détail. Il est hors de doute en effet que, suivant l'invariable coutume grecque, les hommes valides, abandonnant femmes et enfants, avaient été les premiers à se réfugier dans les consulats.

que les « barbares » turcs? Il est au moins permis d'en douter, lorsqu'on se reporte à nos dernières révolutions.

Après avoir réduit à leurs justes proportions les événements [1] qui troublèrent Constantinople et Smyrne, il me reste à parler des massacres de Chio, de ces dévastations à la suite desquelles, d'après la légende, tous les marchés d'esclaves de Tanger à Trébizonde regorgèrent de femmes et d'enfants chrétiens, dont les maris et les pères avaient péri sous le sabre des Ottomans !

Malheureusement, cette légende, excellente pour inspirer des tableaux aux tons extravagants à des coloristes épris d'orientalisme, n'a pas cette consécration des siècles qui fait de Guillaume Tell, par exemple, fabriqué de toutes pièces par l'imagination populaire, un des plus nobles héros de l'histoire !

Il est temps encore de rétablir les faits tels qu'ils se sont passés dans la plus riche et la plus belle des îles turco-helléniques, aux mois d'avril

---

1. Non contents de représenter ces émeutes, en somme peu meurtrières, comme des carnages auprès desquels s'effacent le massacre des Albigeois et les Vêpres siciliennes, certains historiens, passant les dates sous silence, combinent de telle sorte leurs récits qu'on pourrait croire que les premiers forfaits des révoltés furent provoqués par d'horribles persécutions. J'ai prouvé, je l'espère, qu'il n'en est rien.

et mai 1822. Pour en donner sans phrases un aperçu exact, je ne saurais mieux faire que de me borner une fois de plus — et ce ne sera pas la dernière — au simple rôle de copiste : « Les « gens de Chio, écrivait au chevalier de Viella [1] « le capitaine Lachaud [2], avaient résisté pendant « un an aux sollicitations de ceux de Samos « qui avaient essayé plusieurs fois de leur faire « prendre part à l'insurrection, mais ils ont, « malheureusement pour eux, cédé à leurs ins- « tances, et, réunis à ces Samiens, ils attaquèrent, « il y a peu de temps, les Turcs qui se renfermè- « rent avec le pacha dans la citadelle. Ils les y « tenaient encore bloqués à l'arrivée de l'escadre « ottomane, le 11 de ce mois. A l'apparition d'une « force aussi imposante, les Grecs de Samos pri-

---

1. Le chevalier de Viella, royaliste et catholique fervent, avait suivi les princes en 1792. Sous la Restauration, réintégré dans la marine, il fut pendant six mois à la tête de la Station du Levant (1822-23). Très impartial, malgré ses préjugés religieux, il ne put s'intéresser à la cause des Grecs. Ceux-ci ne devaient rien espérer d'un homme dont l'opinion se résumait en des phrases comme celle-ci : « Il est déplorable, quand on scrute à fond ces questions litigieuses, de trouver presque toujours chez le plaignant de premiers torts qui ont souvent provoqué et par conséquent atténué ceux de l'agresseur. On ne manque jamais, dans la discussion, de rencontrer des arguments qui se jouent des principes et des règlements. »

2. Le capitaine Lachaud commandait le brick le *Saint-Jean-Baptiste* qui, peu après, fut attaqué et pillé par des pirates d'Ypsara.

« rent la fuite et abandonnèrent ceux de Chio.
« Ceux-ci résistèrent et massacrèrent encore
« l'équipage d'un aviso turc qui avait fait côte. »

Les « barbares », dont les vaisseaux de haut bord ne pouvaient s'aventurer entre les récifs, assistèrent de loin à cette horrible scène, très suffisante pour excuser la fureur des compagnies de débarquement dirigées le lendemain sur la ville. N'y trouvant personne à combattre, les soldats mirent le feu, après les avoir saccagées, aux habitations des misérables qu'ils avaient vus à l'œuvre. De ces derniers, quelques-uns s'étaient réfugiés dans les consulats qui furent tous respectés, mais la plupart avaient fui sur les hauteurs d'où ils voyaient l'incendie dévorer leurs maisons et leurs récoltes. Ils courbèrent la tête, et, peu de jours après, très humbles, très craintifs, ils faisaient parvenir au capitan-pacha, Kara-Ali, un placet
« protestant de leur soumission à l'autorité du
« Grand Seigneur et lui annonçant qu'ils s'étaient
« emparés des chefs de l'insurrection, et qu'ils
« étaient prêts à les lui livrer [1] !! »

Si l'on ajoute à cela quelques escarmouches, assez meurtrières, du reste, pour les rebelles, et

---

1. De la Mellerie. Archives, 1822.

l'exécution d'un certain nombre de Grecs surpris par des mouvements tournants, on aura une plus juste idée des massacres de Chio qu'après la lecture des vingt-cinq ou trente pages que leur consacre Pouqueville !

Maintenant, pourquoi les Chiotes se sont-ils soulevés? Il y a là une question insoluble. En effet, si les motifs qui firent prendre les armes aux hétairistes sont difficilement explicables, on finit, du moins, par en trouver, quelque mauvais soient-ils, tandis que, chez ces insulaires privilégiés, il est impossible de découvrir une seule raison qui justifiât leur conduite. Que pouvaient-ils désirer? Que demandaient-ils, s'administrant eux-mêmes? Les redevances insignifiantes qu'ils payaient au Sultan étaient perçues par des collecteurs que nommaient leurs propres municipalités. Comme chrétiens, ils n'étaient astreints à aucune servitude militaire; le bien-être, enfin, régnait d'un bout à l'autre de l'île, qui possédait avec son « mastic » une source inépuisable de richesse.

Si demain les paysans corses se ruaient sur les soldats casernés à Bastia ou à Ajaccio, que dirait-on à Paris? que déciderait le gouvernement? En me reportant aux « abattages » qui suivirent la

Commune, je ne crois pas — ce fait invraisemblable se présentant — que les Vicentis, les Bonellis et les Casanovas soient beaucoup mieux traités par les troupiers du colonel ou du général X... que ne le furent les Pittakis, les Lefteriadès ou les Marcopoulos par les hommes du capitan-pacha Kara-Ali.

CHAPITRE IX

LES DEUX SIÈGES D'ATHÈNES

Il serait facile de faire un très gros volume en développant ce parallèle entre Grecs et Turcs; mais, à part la longueur du travail, les événements qui se succédèrent pendant huit années dans la patrie d'Achille offrent de telles analogies qu'on ne manquerait pas d'accuser l'auteur de les avoir « arrangés » à l'appui de sa thèse, étant donné que, sans exception, les musulmans y jouent le beau rôle.

J'ai donc négligé tous les faits d'importance secondaire et dont la vérification eût demandé quelque recherche. Même parmi ceux qui lisent d'ailleurs, beaucoup, j'en suis certain, m'accuseront de parti pris; ils ne prouveront, j'espère, que leur aveuglement. Au sujet des deux investissements d'Athènes, par exemple, je ne crois pas qu'il soit possible d'évoquer le fanatisme des peuplades « asservies à la parole de Mahomet »; de se retrancher derrière la « barbarie turque »; trop de pages irréfutables sont là pour me donner raison, et les plus acharnés détracteurs de l'Islam ont reconnu, avec beaucoup de réticences, il est vrai, que leurs semi-coreligionnaires orthodoxes n'avaient pas fait preuve alors de toute la correction qu'ils se croyaient certainement en droit d'attendre de chrétiens convaincus.

Je me fais donc un plaisir de laisser encore la parole à l'amiral Jurien de la Gravière : « L'Acro-
« pole d'Athènes [1], ravitaillée par Omer Vrioni
« vers la fin de l'année 1821, ne se rendit aux
« Grecs que lorsque l'eau des citernes se trouva
« complètement épuisée. La garnison capitula le
« 21 juin 1822. Il y avait alors onze cent cin-
« quante personnes dans l'Acropole; cent quatre-
« vingt seulement en état de porter des armes.
« Malgré les efforts de MM. Fauvel et Grotius,
« consuls de France et d'Autriche, la plupart
« des prisonniers furent massacrés. Les Grecs
« auraient même violé les demeures des consuls

---

[1]. *Station du Levant*, t. I, p. 213.

« où trois cent vingt-cinq personnes s'étaient
« réfugiées, si deux navires français, la gabare
« l'*Active* et la goélette l'*Estaffette*, n'étaient, par
« un heureux hasard, venus mouiller au Pirée.
« Les capitaines de Reverseaux et Hargous n'hé-
« sitèrent pas à mettre à terre une partie de leurs
« équipages. Nos marins, dirigés sur Athènes,
« escortèrent de cette ville au Pirée, les armes
« chargées et la baïonnette au bout du fusil, les
« malheureux qui avaient cherché un asile sous
« la protection de notre drapeau. »

Comme on voit, l'amiral est sobre de détails. Ces quelques lignes lui ont coûté; cela se sent. Le récit de cette première capitulation méritait plus qu'un tiers de page. Pour combler une lacune regrettable, voici donc, en partie, le rapport du commandant de Reverseaux : « *Active*, rade de
« Smyrne, 23 juillet 1822. «..... Je fis voile pour
« Santorin, où j'appris la reddition d'Athènes et
« reçus de M. Fauvel l'invitation d'aller le
« secourir, ainsi que les Turcs, dont il pré-
« voyait bien que la capitulation serait violée. Je
« fis voile pour l'Attique; mais je n'ai malheu-
« reusement pu arriver à Athènes assez à temps
« pour empêcher le massacre de la plus grande
« partie des Turcs, qui avaient résisté aux fati-

« gues d'un siège de sept mois et au manque
« absolu d'eau. »

Au Pirée, M. de Reverseaux trouva l'*Estaffette*, dont le capitaine avait fait embarquer les Turcs réfugiés au cousulat de France; mais il en restait aux consulats d'Autriche et de Hollande. Aussitôt il fit prévenir les chefs grecs qu'il venait réclamer les musulmans échappés à la boucherie.

« Ces Grecs, continue-t-il, me firent beaucoup
« d'objections; je répondis à toutes, et je finis par
« leur dire que, le soir même, je partirais à la
« tête des Turcs, et que j'espérais qu'eux-mêmes
« me serviraient d'escorte et voudraient bien
« m'accompagner! Six heures avaient sonné, et
« quoique mon détachement ne fût pas arrivé,
« craignant de faire marcher de nuit des malheu-
« reux qui avaient peine à se soutenir, je me
« rendis chez M. Grotius, chez lequel je trouvai
« environ cent vingt hommes, femmes et enfants,
« que j'emmenai et conduisis au consulat de Hol-
« lande, où se trouvaient encore une quarantaine
« de personnes. Je fis former un groupe de tout
« ce monde; je mis cinq hommes du détachement
« de l'*Estaffette* et leur officier en tête; cinq
« autres derrière, dirigés par l'officier de mon
« bord qui m'avait accompagné. Je marchai en

« avant avec un chef grec qui s'était réuni à moi.
« Je me dirigeai vers la porte de la ville et j'y
« trouvai en armes environ quatre cents Grecs.
« Quelques-uns s'avançaient, de notre côté, en
« nous couchant en joue, et je m'aperçus en même
« temps que d'autres fermaient la porte. Je com-
« mandai au lieutenant Revesl de réunir son
« monde et de se disposer à faire feu, et je
« m'avançai au-devant des brigands, auxquels,
« découvrant ma poitrine, je criai que c'était sur
« moi qu'ils devaient tirer, et non sur les restes
« infortunés d'une population désarmée; mais
« que s'ils avaient l'audace, je trouverais promp-
« tement des vengeurs, et que de ce moment
« leur cause serait perdue! Mon mouvement les
« déconcerta; je courus à la porte, j'en ouvris un
« battant et commandai qu'on ouvrît l'autre; on
« obéit, et, retournant à nos hommes, je les fis
« avancer et franchir la porte à travers cette foule
« d'assassins qui n'osèrent plus nous refuser le
« passage. »

*
* *

Nous verrons bientôt comment les Turcs, les
« barbares » une fois pour toutes, se conduisirent

avec les révoltés, lorsque ceux-ci furent, à leur retour, bloqués dans l'Acropole; lorsque Ibrahim avec ses Égyptiens en Morée, et le séraskier Reschid-Pacha dans le Péloponèse, rétablissaient sur tous les points l'autorité de la Porte.

En vain quelques chefs avaient tenté de faire lever le siège; mais que pouvaient-ils attendre des troupes qu'ils commandaient, ou plutôt qu'ils étaient censés commander? A ce sujet les faits suivants sont trop caractéristiques pour être passés sous silence! Le 16 août 1826, Fabvier et le Rouméliote Karaiskaky, les capitaines Vlacho et Lecca, débarquèrent à Eleusis et marchèrent sur Athènes à la tête de quatre mille hommes. Ils n'allèrent pas loin; les palikares ne se hasardant jamais en plaine, ils s'arrêtèrent aussitôt qu'ils se virent à découvert. Malgré les objurgations de Fabvier, ils se refusèrent à tout mouvement offensif, et, dès le lendemain, les Turcs vinrent les attaquer. Les palikares ayant commencé à rétrograder, une débandade générale s'ensuivit: tous s'enfuirent au pas de course, jetant armes et bagages, abandonnant deux canons et trois drapeaux aux Turcs, qui, heureusement pour eux, ne se mirent pas à leur poursuite.

« Posté sur une hauteur, écrit l'amiral de Rigny,

« j'aperçus cette déroute et j'envoyai l'ordre à
« bord de faire partir des canots, au moins pour
« ramasser les blessés. M. d'Harcourt s'y embar-
« qua, et mes officiers arrivèrent assez heureuse-
« ment pour empêcher les fuyards de passer sur
« le corps des blessés abandonnés sur la rive.
« Ils durent mettre l'épée à la main pour y
« réussir...

« ... Ainsi, dit-il plus loin, les Turcs sont, à
« l'exception d'Athènes, maîtres de la Grèce
« orientale et occidentale. Le cercle de l'insurrec-
« tion resserrée dans la Morée depuis Corinthe y
« est partout en contact avec Ibrahim; mais telle
« est la nature du pays que là, aucune soumis-
« sion partielle n'a encore eu lieu, et que cepen-
« dant on ne s'y défend pas, les habitants fuyant
« épars. Le gouvernement, ayant moins d'action
« et d'argent que jamais, n'est pas même à
« Napoli, il est dans un petit fort voisin. Les
« chefs se disputent les forteresses et les posi-
« tions, se battent même entre eux pour les
« occuper et s'y maintenir, et, chose étrange,
« c'est par la crainte qu'avait Gouras [1], enfermé

---

1. Gouras, Albanais sorti des rangs grâce à la protection de son chef Odysseus, qu'il trahit et assassina, devint un moment maître de l'Acropole, grâce à quatre cents mercenaires qui

« dans le château d'Athènes, de voir la porte
« fermée derrière lui par ses compagnons, que la
« garnison est restée inutile spectatrice de ce qui
« se passait dans ses murs, au lieu de tenter une
« sortie décisive. »

⁎⁎⁎

Si la comédie ne se compliquait pas régulièrement d'atrocités, on rirait de ces semblants d'action, engagés par des fanfarons déclamateurs qui tous auraient pu dire comme ce conscrit d'opéra bouffe : « Voilà le moment de se montrer; sauvons-nous ! »

La reculade d'Eleusis ne parvint pas cependant à décourager Fabvier. Impuissant à débloquer Athènes, il résolut de prolonger, coûte que coûte, la résistance des assiégés, conservant malgré tout une confiance inébranlable en la réussite de ses projets.

L'Acropole ne manquait pas de vivres, mais on pouvait craindre que les munitions de guerre ne

surent en imposer aux autres Grecs. Féroce, cupide et lâche, il eut toutes les qualités des héros de l'Indépendance grecque.

s'épuisassent rapidement. Aussi n'hésita-t-il pas à jouer une fois de plus sa vie, et, par une belle nuit de pleine lune, il débarqua dans la baie de Phalère, suivi de six cents hommes agiles, porteurs de sacs remplis de poudre. Sans tirer un coup de feu, ils traversèrent en courant les lignes turques et arrivèrent hors d'haleine aux portes de l'Acropole, salués par une grêle de balles qui, mal dirigées, ne leur causèrent qu'une perte insignifiante. Le but atteint, Fabvier comptait bien traverser de nouveau le camp ottoman et regagner son armée; mais les assiégés, heureux de posséder un officier sur lequel ils pouvaient compter, s'opposèrent énergiquement à son départ. Il dut se résigner, la mort dans l'âme, en pensant que dès lors les forces grecques dont il espérait encore tirer parti se trouveraient entre les mains de soi-disant généraux, qu'il savait incapables de combiner le moindre mouvement stratégique. Ces généraux, du reste, à défaut d'autres qualités, avaient, sous le dehors d'un orgueil démesuré, le sentiment à peu près exact de leur propre valeur, et tous ceux qui comptaient pour quelque chose dans le parti révolutionnaire se tournaient du côté de l'Europe, demandant à tous les échos aide et protection. Deux Anglais, lord Cochrane et sir

Robert Church, leur semblèrent, on ne sait pourquoi, les grands hommes indiqués. Moyennant un nombre respectable de guinées [1], ces vainqueurs sur commande abordèrent, le front haut, les rivages de l'Attique, n'ayant qu'une très vague idée de la besogne qui leur incombait.

Sir Robert Church aurait peut-être fait un bon chef de bataillon, et lord Cochrane un lieutenant de vaisseau modèle; mais il ne fallait pas en demander davantage.

Eussent-ils possédé, d'ailleurs, le premier les facultés de Bonaparte, et le second la science navale de Nelson, qu'auraient-ils obtenu des soldats ou matelots qu'ils devaient mener au feu, l'un sous le titre de généralissime et l'autre de grand amiral?

Ils ne s'y trompèrent pas un instant. En Anglais pratiques, comprenant que l'appât du gain pouvait seul faire agir les chefs grecs et les palikares, ils leur promirent le sac de Byzance, le pillage de Smyrne et jusque-là des

---

[1]. Quelque reproche que l'on puisse adresser à Fabvier, on n'en doit pas moins reconnaître son entier désintéressement. MM. Cochrane et Church, au contraire, ne virent dans la cause grecque qu'une affaire lucrative. Cochrane, pour ne citer que lui, évalua son concours à un million quatre cent vingt-cinq mille francs, la moitié payée d'avance.

primes en piastres d'Espagne ¹. Le moyen était bon, car en quelques jours Cochrane put réunir une « élite » de douze cents Hydriotes et Crétois qu'il fit débarquer dans la baie de Phalère, où, pleins d'enthousiasme, ils cernèrent aussitôt le couvent en ruine de Saint-Spiridion, dont les Turcs avaient fait un petit poste avancé que six bricks et une frégate se mirent à canonner furieusement. Au bout de quelques heures, il ne restait plus du monastère qu'un monceau de décombres, sous lesquels une partie de la garnison était ensevelie.

« Alors, écrit le commandant de la *Junon*, « M. Le Blanc ², un appel a été fait au courage « des plus braves pour marcher sur les ennemis « échappés au canon! Tous sont restés muets!... « Une vingtaine de philhellènes seuls se sont « présentés; on n'a pas voulu les sacrifier. Sur « ces entrefaites, les Turcs ont demandé à capi- « tuler; ils proposaient de se retirer en armes « pour rejoindre leurs avant-postes. Cochrane « a refusé et a exigé qu'ils se rendissent pri-

---

1. Jurien de la Gravière.
2. 2 mai 1827. — M. Le Blanc, dit l'amiral Jurien de la Gravière, fut un des officiers les plus remarquables de la marine française. Il devint préfet maritime de Brest et conseiller d'État.

« sonniers. Le 28 au matin il est parti pour
« Paros, et la proposition faite la veille, renou-
« velée, a été acceptée par le général en chef
« Church. Des otages ont été en conséquence
« fournis aux Turcs, qui se sont formés sur
« deux rangs, au nombre d'environ deux cent
« cinquante; les otages ont été placés en tête,
« et ils ont dans cet ordre franchi les décombres
« pour se rendre aux avant-postes les plus voi-
« sins. Cette colonne était bordée par deux lignes
« de cavalerie grecque chargées de veiller à sa
« sûreté pendant le trajet. Toutes les précautions
« avaient été ordonnées par le général Church,
« qui voulait assurer l'exécution de la capitula-
« tion et prévenir tout accident. Une masse de
« soldats grecs s'est approchée de la queue de
« la colonne pour l'insulter. Un Grec a voulu
« arracher le fusil d'un Turc; celui-ci a résisté,
« et, dans le débat, l'arme qui était chargée est
« partie sans blesser personne. Cet accident a
« servi de signal à l'assassinat des capitulés; les
« Grecs ont fait sur eux une décharge générale,
« sans égard même pour les otages, dont quel-
« ques-uns ont été blessés parmi ceux qu'ils
« étaient destinés à protéger. Presque tous les
« Turcs ont été égorgés et aussitôt dépouillés.

« Un petit nombre de ceux placés en tête de la
« colonne ont pu se sauver et atteindre les retran-
« chements les plus proches. »

Quels réquisitoires, ces rapports de nos officiers, ces résumés écrits à la hâte, sans souci du
style, mais vibrants de l'indignation qui s'emparait de tous ceux que le hasard mettait plus ou
moins en rapport avec les cabotins sanguinaires,
acclamés par tant de braves gens, auxquels ils
auraient inspiré une indicible horreur s'ils avaient
vu sous son vrai jour un seul de leurs hauts faits !

Ce dernier massacre acheva de renseigner le
généralissime et le grand amiral sur le compte
des Grecs ; ils étaient désormais fixés.

Un philhellène anglais, le colonel Gordon,
directeur de l'artillerie, se démit aussitôt de ses
fonctions ; il avait assisté au sac de Tripolitza, et
la trahison dont il venait d'être spectateur le
dégoûta définitivement d'un pays où l'assassinat
semblait plus nécessaire au peuple que le pain
quotidien.

Quelques jours après l'affaire de Saint-Spiridion, les capitaines grecs, parmi lesquels Church
avait obtenu un semblant d'entente, convinrent
d'une action décisive sur Athènes. Le dimanche
6 mai, un corps de trois mille hommes, soutenu

par une batterie de quatre pièces de six, débarquait au sud-est de Phalère et marchait sur les derrières des postes turcs les plus rapprochés de l'Acropole. Ce corps devait être renforcé par les troupes en position au nord du Pirée et par celles qui occupaient les hauteurs de Phalère. Tout allait pour le mieux : les mesures paraissaient bien prises, et les troupes s'avançaient presque en bon ordre, ne parlant que de vaincre ou mourir, lorsqu'elles furent assaillies à l'improviste par un détachement turc à la tête duquel galopait Reschid-Pacha.

Les Grecs n'eurent même pas l'idée de résister; jetant leurs fusils, ils firent volte-face avec un ensemble parfait et se précipitèrent dans la direction de la plage, émerveillant les « infidèles » par la rapidité de leur course. Mais si légers qu'ils fussent, ils ne pouvaient lutter de vitesse avec des cavaliers bien montés; en moins de dix minutes, quinze cents d'entre eux gisaient sur le sol, magnifiquement sabrés. Church et Cochrane, pris dans la bagarre, faillirent tomber aux mains des Turcs; le second même fut serré de si près qu'il dut se jeter à la mer et gagner un canot en nageant de toutes ses forces; singulier rôle pour un grand amiral !...

« Cet événement désastreux, dit M. Le Blanc,
« a jeté la consternation dans le camp des Grecs.
« Le découragement dans lequel il les a plongés
« est tel que, pendant la nuit, une grande partie
« des troupes s'est retirée sans en avoir reçu
« l'ordre.

« Le lendemain, il ne restait plus que trois ou
« quatre mille hommes sur la position de Pha-
« lère, et ce n'est qu'avec beaucoup de peine que
« le général Church est parvenu à les retenir, tous
« voulant s'en aller... »

On s'explique que, dans ces conditions, les deux chefs anglais aient renoncé à poursuivre la lutte. Désespérant d'obtenir le moindre succès contre les soldats de Reschid, ils ne voulurent point s'éloigner cependant sans avoir mis tout en œuvre pour sauver la garnison de l'Acropole. Il ne restait plus, bien entendu, qu'à parlementer; mais, humiliés par le rôle dérisoire qu'ils venaient de jouer, se jugeant ridicules, ils n'osèrent pas s'adresser directement au représentant de la Porte. A leur prière, le commandant de la *Junon* voulut bien lui écrire en vue d'une capitulation. Le séraskier répondit avec bienveillance, et dès le lendemain, à la suite d'une entrevue, les conditions suivantes furent arrêtées : « Le colonel

« Fabvier gardera ses armes ; il pourra se retirer
« librement en emportant ses bagages : les troupes
« de la garnison déposeront les armes et pourront
« se retirer partout où elles voudront. Ceux des
« soldats de la garnison, sujets du Grand Sei-
« gneur, qui voudront prendre service pour Sa
« Hautesse, seront admis dans l'armée de Son
« Excellence le séraskier, soldés et traités comme
« les soldats du corps dans lequel ils seront admis :
« des chevaux ou tous autres moyens de transport
« seront fournis par Son Excellence aux malades
« et aux blessés : les hommes seront conduits au
« bord de la mer, au lieu où les troupes grecques
« ont opéré dernièrement un débarquement. Elles
« suivront une route qui les éloignera des postes
« occupés par les troupes turques : une escorte
« de cavalerie, désignée par Son Excellence, sera
« chargée de conduire la colonne jusqu'au lieu
« de l'embarquement, afin de lui offrir toute
« sécurité. Son Excellence garantit sur sa parole
« d'honneur l'exécution exacte de **chacun des**
« **articles de la capitulation.** — *Article addition-*
« *nel :* Son Excellence consent de plus à fournir
« des otages pour répondre de l'exécution fidèle
« des articles de la présente capitulation. Ces
« otages seront remis à bord de la frégate de

« S. M. T. C. la *Junon*, et confiés au comman-
« dant de cette frégate. Ils seront par ses soins
« conduits au quartier général du pacha, lorsque
« la capitulation aura reçu sa complète exécution.
« Fait et accordé entre Son Excellence le séras-
« kier de Roumélie, Reschid-Pacha, et Monsieur
« le capitaine de vaisseau Le Blanc, commandant
« la frégate de S. M. T. C. la *Junon*. »

Cette pièce, soumise au général Church, obtint sa pleine approbation. Il ne s'attendait certes pas à tant d'indulgence de la part d'un vainqueur, qu'il ne pouvait considérer à travers ses préjugés que comme un ennemi vindicatif, dépourvu de tout sentiment généreux. Aussi s'empressa-t-il de contresigner les clauses qu'on vient de lire, et que M. de Reverseaux fut chargé de transmettre au colonel Fabvier. M. de Reverseaux, accompagné d'un officier du pacha et de son drogman, pénétra en parlementaire dans la forteresse. Après quelques minutes d'attente, il reçut, à son grand étonnement, un billet ainsi conçu : « Monsieur le com-
« mandant, vous êtes dans l'erreur. Je ne suis
« ici que par accident, et non pour commander;
« j'envoie votre lettre aux chefs de l'Acropolis ».

M. de Reverseaux, ne jugeant pas sa mission terminée, insista ; il désirait se montrer au colonel français, et confirmer par sa présence les démarches de son chef. « Monsieur, écrivit aussitôt « Fabvier, n'étant pas habitué à parlementer, je « ne sais pas pourquoi vous vous adressez à moi. « Le général Church, comme général en chef, « pouvait s'adresser aux chefs grecs ; c'est à eux « de répondre. Je regrette de ne pas aller vous « voir, mais je n'ai aucune certitude de votre « personne, ni de la pièce du général Church. « J'ai l'honneur de vous saluer... »

Cette réponse inattendue indigna le pacha par sa grossièreté. M. Le Blanc eut beaucoup de peine à le calmer, et le décider surtout à ne pas rompre sur-le-champ les négociations. Il finit par y consentir, mais il exigea que dès le lendemain, dans la matinée, un ordre formel de Church parvînt à ces chefs anonymes de la citadelle, afin qu'ils eussent à exécuter les conditions imposées pour leur libre sortie. En cas de refus des uns ou des autres, sa parole serait dégagée, et il n'entendrait plus traiter avec l'Acropole, qu'il se ferait avant peu remettre à discrétion.

Church ne pouvait hésiter ; de plus, il avait hâte d'abandonner une partie si mal commencée ou, pour mieux dire, si évidemment perdue. Il rédigea de suite la sommation suivante :

« Au camp de Phalère, 12 mai 1827.

« Par la médiation du commandant de la fré-
« gate française la *Junon*, le séraskier offre l'in-
« cluse capitulation que garantit ce même com-
« mandant français. L'Acropolis renferme beau-
« coup de personnes souffrantes. Il s'y trouve
« aussi des monuments de l'ancienne Grèce, chers
« au monde civilisé. Je désire qu'ils soient sauvés
« de la destruction de la guerre. Je vous donne
« l'ordre de vous conformer à la dite capitulation,
« et soyez certains que le commandant français
« a pris toutes les mesures nécessaires pour votre
« sûreté. »

Le lendemain 12 mai, vers sept heures, une escouade de cavalerie était rangée sur la plage, et le second de la *Junon*, le lieutenant de vaisseau Lavaud, se rendait à la forteresse, porteur de la missive péremptoire du généralissime. Les capitaines grecs y répondirent par un vrai modèle de jactance hellénique : « Il n'y a point ici, disaient-
« ils [1], de sujets du Grand Seigneur; il n'y a que
« des Grecs déterminés à mourir ou à vivre

---

1. JURIEN DE LA GRAVIÈRE, *La station du Levant* t. II, p. 134.

« libres! Si le Kiutahié (c'est ainsi que les Grecs
« appelaient le vizir Reschid, naguère pacha de
« Kiutahia) veut nos armes, qu'il vienne les
« prendre. »

Ce sont là de « fières paroles », on ne peut le nier; mais, hélas! peu après, les signataires de ce hautain défi ne surent prouver autre chose que hâblerie et couardise marchaient de pair chez eux.

Devant pareil entêtement, M. Leblanc n'avait plus à importuner le séraskier en faveur de gens pour lesquels il ne ressentait, toute réflexion faite, qu'un profond mépris atténué par quelque pitié.

Le jour même, du reste, il recevait une lettre de Reschid-Pacha, lettre d'une irréprochable correction d'ailleurs, mais dans laquelle on lui indiquait très clairement que sa présence en vue du Pirée n'était plus du tout nécessaire. « Monsieur,
« écrivait le séraskier [1], pour l'amitié qui règne
« entre les deux empires et d'après votre prière,
« je me suis encore prêté à une démarche envers
« des gens qui oublient également et l'humanité
« et leurs devoirs, sans réfléchir que pour satis-

---

1. Athènes, 12 mai 1827.

« faire l'orgueil de deux ou trois personnes en
« possession du commandement, ils compromet-
« tent par leur conduite l'existence d'une foule
« d'innocents.

« Voyez avec quelle insolence ils répondent!
« Je pourrai dire au moins que je n'aurai rien
« épargné pour satisfaire à vos prières. Avec le
« désir de vous revoir, j'ai l'honneur d'être votre
« ami empressé. — Vizir RESCHID-PACHA. »

C'était un congé poli. M. Leblanc le comprit
fort bien. Après être resté quelques jours encore
sur rade, afin de ne pas sembler obéir à une
injonction, il mit à la voile, regrettant certainement de s'être mêlé d'une affaire qui ne le regardait en aucune façon.

Church, peu auparavant, avait abandonné les
hauteurs de Phalère. Son départ laissait les chefs
grecs livrés à eux-mêmes, et leur belle attitude fit
place en quelques heures à une contenance très
humble. Il n'était plus question alors de vivre ou
mourir libres; il fallait racheter la faute commise
en refusant les conditions honorables du séraskier. En désespoir de cause, ils s'adressèrent au
commandant d'un brick autrichien, le *Veneto*,
seul bâtiment resté au mouillage et dont ils ne
pouvaient espérer qu'un bien faible secours. L'of-

ficier, très ennuyé d'être ainsi mis en cause, ne savait quel parti prendre, lorsque l'arrivée inattendue de la *Sirène,* commandée par M. de Rigny, vint le tirer d'embarras. Il se rendit en toute hâte auprès de l'amiral, et lui remit les pièces « d'après
« lesquelles il résultait que la garnison désirait
« reprendre la négociation qui avait été tentée
« par le capitaine de la *Junon*... » Ces derniers mots sont du commandant de la station française; il continue ainsi : « J'entrai en communication
« avec le vizir, et, après trois jours de discus-
« sions et de sollicitations, il consentit à accorder
« la capitulation [1]...

« Le 5 juin au matin, elle fut signée par les
« chefs de la garnison. On craignait le très juste
« ressentiment des Albanais, dont les amis ont
« été lâchement massacrés, après avoir capitulé
« au Pirée, un mois avant. Le vizir les fit con-
« tenir par sa cavalerie; je plaçai trois de mes
« officiers à la tête de la colonne, et je me mis
« moi-même à l'arrière-garde avec les Albanais
« que les Grecs avaient demandés pour otages.

« On se mit en marche en cet ordre, et nous
« arrivâmes à la « marine », où les embarcations

---

1. Le pacha, dans toute cette affaire, ne fit-il pas vraiment preuve d'une longanimité admirable?

« de S. M. T. C. et celles de S. M. I., à défaut
« de bateaux grecs « dont aucun ne se présenta »,
« embarquèrent mille huit cent trente-huit per-
« sonnes, femmes, malades, enfants, blessés, qui
« furent ensuite déposés par nos soins sur l'île
« de Salamine.

« Je crois, conclut l'amiral, que dans la guerre
« actuelle il est peu d'exemples d'une capitula-
« tion aussi avantageuse et aussi fidèlement exé-
« cutée. »

Il est inutile, je pense, d'insister sur la conduite respective des assiégeants et des assiégés
de 1821 et de 1827. Lorsque les faits parlent
d'eux-mêmes si clairement, ils se passent de commentaires.

Je traduirai, pour terminer, ce passage de l'historien Finlay, peu suspect cependant de sympathie pour les Turcs : « La conduite de Reschid-
« Pacha, à l'occasion de la chute d'Athènes, lui
« a gagné un immortel honneur. Il se montra
« supérieur à sir Robert Church, autant sur le
« champ de bataille que dans le conseil. Aucune
« des mesures que la prudence pouvait suggérer
« ne fut négligée pour que les Turcs ne portas-
« sent atteinte au caractère musulman par quelque
« acte de vengeance pour la mauvaise foi des

« Grecs au Pirée. Le pacha surveilla le terrain
« en personne, à la tête d'un fort détachement de
« cavalerie, et s'assura que les troupes chargées
« d'escorter les Grecs jusqu'au lieu d'embarque-
« ment remplissaient bien leur devoir. »

CHAPITRE X

DANS L'ARCHIPEL

Les révoltés, maîtres des places fortes qui leur assuraient la domination momentanée de la Grèce, eurent à plusieurs reprises un semblant de gouvernement, dont les membres ne s'occupaient, aussitôt nommés, qu'à dévoiler avec une sorte de rage, aux yeux de tous, leurs trahisons et leurs malversations réciproques. Je n'ai pas entrepris, je le répète, un récit des compétitions qui se succédèrent depuis les premiers attentats de l'Hétairie jusqu'au jour où un Allemand fut nommé roi dans la ville de Périclès. Je m'estimerai très heureux si j'ai pu seulement jeter un peu de lumière sur le cloaque où se débattirent au milieu de tant d'autres les Alexandre et Démétrius Ypsilanti, les Condouriotis, les Mavrocordato, les

Kolocotroni, enfin les Mavromichali, assassins de Capo d'Istria, qui du reste les valait.

Il est bien évident que ces chefs, dont l'influence ne dépassait jamais un champ d'action très limité, ne pouvaient organiser efficacement la résistance. Néanmoins, si éphémères que furent leurs tentatives en vue de centraliser le pouvoir, de le créer plutôt, ils ébauchèrent une vague silhouette de république en lutte contre un odieux tyran, — tout ce qu'il faut pour émouvoir un honnête Français. — La population maritime, au contraire, se croyant à l'abri de représailles effectives, n'essaya pas un instant de donner à ses pirateries la moindre apparence de légalité. Parler d'une « flotte grecque » engagée dans telle ou telle aventure, c'est donner à peu près le nom de « corps d'armée » à une bande de malandrins, associés pour faire un mauvais coup et, le butin partagé, se sauvant à toutes jambes, après échange libéral d'injures et de horions.

Ce furent pourtant ces écumeurs de l'Archipel qui donnèrent le plus d'inquiétudes au khalife. Ses bataillons pouvaient bien rétablir l'ordre dans les provinces révoltées : ce n'était qu'une question de temps, mais il manquait de matelots pour équiper sa flotte. Celle-ci se composait de dix-sept vaisseaux à l'ancre devant Constantinople. Le personnel n'en dépassait guère trois ou quatre cents hommes de garde, et le soulèvement presque simultané des îles de Spezzia, d'Hydra et de Samos, accompagné d'incessantes pirateries, exigeait un armement rapide, auquel faisait faute l'élément jusque-là indispensable à la marine ottomane : l'élément grec.

Lorsque les Turcs, en effet, se virent au quinzième siècle possesseurs d'un empire maritime, ils trouvèrent dans la population de la côte et chez les insulaires d'adroits matelots, familiers avec les moindres passes d'une mer hérissée d'écueils.

De leur côté, l'expérience nautique faisait totalement défaut; maîtres de Byzance, l'inconnu s'ouvrait devant eux. Dans l'esprit de ce peuple venu des plaines de l'Asie, les marins formaient une race à part, et, la voyant représentée par des êtres qu'ils méprisaient, ils en avaient conçu pour la navigation même une sorte de dédain qui fut la pierre d'achoppement de la grandeur ottomane.

Croit-on que Barberousse eût perdu la bataille de Lépante, si ses galères, en outre des forçats chrétiens, n'avaient pas été encombrées de rameurs grecs, ivres de haine contre leurs maîtres et jetant le désordre dans la flotte par de fausses manœuvres? Non, certes! les mercenaires d'André Doria et des chevaliers de Malte n'étaient pas de taille à lutter victorieusement contre les croyants enthousiastes du capitan-pacha!...

Cette terrible leçon ne servit à rien! La marine turque reconstituée, les mêmes errements se reproduisirent. Jusqu'en 1821, nous voyons l'ennemi-né des musulmans jouer le principal rôle sur les bâtiments du padischah. Il était pilote, il était gabier, suivant l'expression consacrée, il était l'« âme » du navire, tandis que les Mohammed, les Abdullah et les Mahmoud, représentant à bord l'élément militaire, demeuraient dans l'ignorance absolue du maniement des voiles.

On comprend dès lors dans quel embarras se trouva la Porte, lorsque subitement elle eut à lever des équipages pour châtier ceux-là mêmes parmi lesquels elle recrutait tous ses marins. Il lui fallut incorporer des bateliers et des pêcheurs, engager des aventuriers chrétiens, battre enfin le rappel jusqu'en Algérie, tandis que les pirates profitaient de ce désarroi, auquel ils devaient une sécurité absolue, pour donner libre cours à leur férocité, tout en faisant des prises considérables. Dans le courant des six premiers mois qui suivirent l'ouverture des hostilités, il y eut entre le cap Matapan et le golfe de Smyrne autant de vaisseaux marchands capturés et pillés qu'en deux années, au large des côtes d'Afrique, à l'époque la plus florissante des corsaires barbaresques.

Encore ces Moghrebins n'égorgeaient pas leurs prisonniers; ils se bornaient à les emmener en esclavage. « L'esclavage, je le sais, est pire que la mort! » C'est là un bien beau cliché...

Un seul exemple de la façon dont se conduisaient les insulaires avec des gens inoffensifs suffit pour les faire apprécier à leur juste valeur.

Deux bricks hydriotes, commandés par les capitaines Sachtouris et Pinotzis, ayant rencontré un vaisseau turc, lui donnèrent la chasse et ne tardèrent pas à l'amariner. Ce bâtiment était chargé de présents destinés à Mohammed-Ali. Parmi de nombreux passagers qui se rendaient en pèlerinage à la Mecque, se trouvait, avec toute sa famille, l'admirable vieillard qui, scheik oul islam [1], lorsqu'on apprit à Constantinople les massacres de Galatz, d'Yssi et de Morée, usa de toute son influence pour atténuer les représailles. Ce zèle en faveur des Grecs jugé excessif, il

---

1. Voy. ch. vii.

avait été déposé et se rendait alors en exil aux Lieux saints.

Le malheureux! Quel indicible regret dut lui serrer le cœur lorsque les forbans, après avoir envahi le pont, se mirent à la sanglante besogne qui semble avoir été de tout temps un des besoins de leur race! Quelle ironie impitoyable de la destinée! Pour être venu au secours des chrétiens, il lui fallut voir des chrétiens violer ses filles, qui ensuite, éventrées, étaient jetées à la mer; il lui fallut assister à une de ces boucheries qui auraient dû rendre le nom de Grec à jamais odieux. Il ne fut égorgé qu'un des derniers [1].

Après s'être conduits en furieux, les pirates donnèrent un autre échantillon de leur caractère. D'assassins ivres de carnage, ils redevinrent subitement les coquins rapaces et discuteurs dont la mauvaise foi faisait dire à l'un de nos consuls : « C'est toujours la même canaille qu'au temps de Thémistocle!... » Peu de temps avant leur capture inespérée, Sachtouri et Pinotzis s'étaient entendus

---

[1]. On a essayé plus tard d'atténuer cette conduite infâme, en disant que c'était là un acte de vengeance. L'assertion est fausse; ceux qui ont perpétré ces crimes ne connaissaient pas encore l'exécution de leur propre patriarche. La vérité est que sur terre et sur mer les Grecs commençaient une guerre d'extermination. FINLAY, t. VI, p. 174.

avec les autres capitaines hydriotes pour que les prises de chacun fussent réparties proportionnellement entre tous. Celui que la chance n'aurait pas favorisé pendant une croisière n'en serait ainsi pas moins payé de sa peine, et ses hommes, traités sur le même pied que leurs camarades plus heureux, ne se laisseraient pas aller au découragement. C'était on ne peut mieux raisonné; mais lorsque les deux bricks revinrent à Hydra chargés de richesses considérables, leurs équipages prétendirent avec impudence que, n'ayant pas ratifié le traité conclu entre les chefs, ils le considéraient comme nul. Eux seuls donc devaient participer au gain, ayant été seuls au danger!

Cette déclaration produisit dans le port une stupeur générale, à laquelle succéda bientôt la colère indignée des voleurs volés. Pendant plusieurs jours, ce fut une suite ininterrompue de discussions bruyantes où les couteaux servaient le plus souvent d'arguments péremptoires. La « sainte cause » enfin était totalement oubliée.

Comment se termina le différend, cela n'importe guère; toujours est-il que peu après ces violents débats, la plupart des bricks hydriotes reprenaient le large, mais cette fois sans accord préalable,

chacun allant pirater pour son propre compte. Et
c'est ainsi, à quelques variantes près, que prirent
fin toutes les expéditions navales entreprises par
les Grecs au nom de la Liberté.

*
* *

Dans un précédent chapitre, j'ai dit en substance que, sans les brûlots, jamais les Grecs ne se seraient aventurés sous le feu des navires ottomans, quelles que fussent la lenteur et le peu de précision de leurs manœuvres. Il est certain que pas une fois on ne les vit s'approcher à portée de canon d'un vaisseau turc sans avoir soigneusement préparé plusieurs de ces terribles engins sur lesquels devaient se concentrer le tir du bâtiment menacé.

Quant à l'idée d'un abordage, même en rêve, elle ne leur vint pas, et l'amiral Jurien de la Gravière les en approuve avec une naïveté qui frise l'inconscience chez un officier dont la bravoure n'a jamais été mise en doute. « On ne passe pas
« aisément, écrit-il, du pont d'un brick sur celui
« d'un vaisseau, et, quand on y aurait réussi,

« *était-il bien prudent* (!!!) d'aller affronter les
« Turcs sur le seul terrain où l'énergie muscu-
« laire et la force brutale pouvaient encore triom-
« pher de l'intelligence?... »

Non, ce n'eût pas été très prudent, en effet, et les Grecs, « se souvenant des leçons d'Ulysse », se gardèrent bien d'exposer leur personne à semblable péril. Cette sagesse extrême paraît injustement reprochée à des gens qui, sans hésiter, venaient sur leurs brûlots presque toucher les navires qu'ils voulaient incendier. On a vu là le témoignage d'une audace qui ne faiblissait devant aucun danger. Parmi nous, combien n'eurent les paupières humides en songeant à l'abnégation de ces hommes qui, de sang-froid, couraient à la mort, se sacrifiant pour le salut de la patrie!... Des mots? toujours des mots! Quelle puissance transformatrice ils ont cependant! Je ne l'ai jamais mieux senti qu'au sujet de ces forbans entrés vivants dans la légende, grâce à quelques vocables sonores habilement placés.

En réalité, — ceci n'est nullement un paradoxe, — les volontaires qui montaient un brûlot couraient, bien commandés, fort peu de risques. Il va de soi que les capitaines chargés d'une telle mission étaient choisis parmi les plus habiles.

Voici comment s'effectuait l'attaque, le plus souvent dirigée contre des navires au mouillage [1]. Soit par une nuit très noire, soit à la faveur des nuages de fumée d'une canonnade, le brûlot, bien préparé, tout prêt à s'embraser, s'avançait ou profitant d'un courant, se laissait dériver dans la direction du bâtiment visé. Parfois il n'en était plus qu'à trois ou quatre mètres avant que l'éveil y fût donné. A ce moment, l'équipage grec était déjà réfugié sous la poupe, et les Ottomans eussent-ils, à bouts portant, déchargé leur bordée, aucun des incendiaires ne pouvait être atteint. Le feu mis à la mèche, ils sautaient dans leur chaloupe et faisaient force de rames pour être loin du foyer de l'incendie lorsque les flammes atteindraient la poudre.

S'ils avaient été signalés à quelque distance, le coup était manqué; ils se hâtaient alors de rejoindre les leurs, tandis que le brick infernal se consumait inoffensif.

Le plus souvent d'ailleurs la tentative échouait. Si le courant n'était pas très favorable et qu'une saute de vent se produisît, que la brise vînt à tomber, les Turcs pouvaient dormir en paix.

---

1. Voy. ch. III.

Parfois aussi les incendiaires, perdant tout sang-froid, faisaient une fausse manœuvre qui les éloignait du but au moment décisif, ou bien encore, pris de panique, ils se jetaient pêle-mêle dans leur embarcation dès qu'ils se croyaient découverts par l'ennemi. Ces insuccès ne décourageaient pas les rebelles, car, peu de mois après les débuts de l'insurrection, ils avaient vu le résultat effrayant obtenu par un brûlot attaché aux flancs d'un vaisseau de haut bord qui faisait partie de la première escadre ottomane envoyée à leur poursuite.

Cette escadre avait quitté les Dardanelles le 3 juin 1821. Elle ne se composait que de deux vaisseaux de ligne, de trois frégates et de trois corvettes; les huit navires en mauvais état, gouvernant très mal. Bientôt ils étaient signalés à Tombazis qui les guettait à la tête de trente-sept voiles. Malgré cette énorme supériorité numérique, le chef grec n'osa pas engager le combat. Il se contenta de suivre la flotte ennemie, persuadé qu'il ne tarderait pas à tirer profit de quelque grosse faute. Son attente ne fut pas longue. Dès le 5, à l'aube, il aperçut au nord de Chio un des vaisseaux de ligne qui, s'étant laissé distancer pendant la nuit, cinglait, toute sa voilure déployée, dans la direction de Samos. Aussitôt une chasse en règle commença. Ce n'était qu'un jeu pour les légers navires grecs de rattraper en quelques heures et d'entourer cette masse énorme, gauchement manœuvrée par des marins improvisés.

Le capitaine ottoman jugea la situation d'un coup d'œil ; sans perdre un instant, il changea de route pour aller jeter l'ancre au fond d'une baie qui s'ouvre à l'ouest de Metelin. Il venait à peine de terminer ses préparatifs de combat, quand les Grecs arrivèrent à portée de canon. Prenant le vaisseau en poupe afin de n'essuyer que le feu des pièces de retraite, ils se mirent à le cribler de boulets, qui s'enfonçaient en plein bois sans lui causer aucun dommage sérieux.

Tombazis, que ce résultat négatif impatientait, donna l'ordre de cesser le feu et de suite convoqua tous ses capitaines à son bord, afin de tenir conseil en vue de la destruction du Turc. Après une longue délibération, après que vingt projets eurent été bruyamment discutés, il fut décidé qu'on aurait recours aux brûlots comme les Russes à la bataille de Tchesmé, un demi-siècle auparavant [1].

1. 7 juillet 1770.

A cet effet, un Ipsariote, Jean Théodosias, céda son brick, moyennant quarante mille piastres turques, payables sur le trésor des îles révoltées. Un autre originaire de Psara, surnommé Papatuka, sorte de professeur dévoyé, se chargea de préparer l'engin, suivant la méthode classique; une vingtaine de matelots se présentèrent pour tenter l'aventure. Étranges patriotes! ils exigeaient qu'une part de prise équivalente à deux mille piastres leur fût assurée à chacun, dès la première capture de quelque importance. D'autres volontaires ne se présentant pas, il fallut souscrire à la prétention de ceux-ci, et bientôt le brûlot, prêt à s'enflammer comme un paquet d'étoupes, se mit en marche dans la nuit. Une demi-heure après, il éclairait magnifiquement le mouillage de Porto-Sigri et se carbonisait en dérivant vers le large, sans avoir causé le moindre dommage au bâtiment ennemi. Le surlendemain, un second brick se consumait encore au milieu de la baie, sans plus de résultat. Enfin il se trouva un capitaine dont le nom, au dire de plusieurs historiens, mérite de passer à la postérité. Il s'appelait Pappa Nikolo; ayant eu la chance d'arriver jusque sous la proue de l'Ottoman sans être signalé par les hommes de quart, il fut assez courageux pour ne pas s'enfuir trop tôt comme avaient fait les précédents. Lorsqu'il sauta dans la chaloupe, son navire était amarré de telle sorte à l'autre, que le courant le plus violent n'aurait pu l'entraîner. Cinq minutes après, des tourbillons de flammes et de fumée s'échappaient du brûlot et, poussés par un vent frais, s'abattaient sur le vaisseau qui se transformait à vue d'œil en un immense brasier. A la première alerte, les câbles avaient été coupés, dans l'espoir de venir à la côte avant que le fléau eût atteint les poudres ; mais son intensité fit bien vite comprendre à tous qu'on ne franchirait pas le quart de la distance qui séparait de terre, sans que l'explosion ne se produisît. Il fallait fuir, fuir en toute hâte, et les embarcations ne suffisaient pas à transporter tant de monde. Elles s'éloignèrent menaçant de couler sous le poids des matelots dalmates, génois ou maltais qui s'y étaient entassés, dès qu'ils avaient vu le péril. Parmi les malheureux restés à bord, ceux qui savaient nager se jetèrent par-dessus le bastingage, tandis que les autres, voyant la mort de tous côtés, l'attendaient sans faiblir avec la résignation du musulman devant l'inévitable !

Ce désastre coûta la vie à trois ou quatre cents

braves, et pour les Grecs, dit avec complaisance notre amiral philhellène, « le secret de la guerre était trouvé... »

Presque à la même date, l'année suivante, une catastrophe devant laquelle s'efface le drame de Porto-Sigri vint ajouter une page effrayante à l'histoire des brûlots. Le 10 mai 1822, soixante-six voiles prenaient la mer sous les ordres d'Andreas Miaoulis ; le 31, elles évoluaient au nord du canal de Chio, dans lequel une escadre ottomane, commandée par le capitan-pacha Kara-Ali, était mouillée depuis quelques jours à l'occasion du mois de Ramadan. Aussitôt l'ennemi signalé, le pacha se porta vers lui, et pendant deux jours on gaspilla de part et d'autre beaucoup de poudre, sans qu'un seul homme fût blessé. Perdant patience, les Grecs, auxquels ce simulacre de combat coûtait plusieurs brûlots inutilement employés, prirent le large dans la direction de Psara, laissant les Osmanlis continuer en paix le jeûne sacré, qui cette année se terminait le 18 juin.

Il venait de prendre fin, et, suivant la coutume, tous les officiers que le service laissait libres avaient dû se rendre à bord du vaisseau amiral pour saluer leur chef. La flotte était brillamment illuminée, et les hommes de quart, distraits par le va-et-vient de leurs camarades, oubliaient de scruter la nuit sans lune qui les environnait; nuit profonde que des milliers de fanaux suspendus en guirlandes dans les mâtures rendaient plus sombre encore.

Tout à coup, une lueur éclaira le *Capitan-pacha*, montrant un brick dont les flammes jaillissaient de la proue à la poupe, et qui, le beaupré engagé dans un sabord du colosse [1], était accroché à son bossoir. Quelques instants après, une embarcation que nul ne remarqua au milieu de la stupeur générale, franchissait rapidement la zone de lumière et disparaissait dans l'obscurité. C'était la chaloupe de Constantin Canaris, le héros cher à Victor Hugo, qui venait d' « arborer l'incendie ». Il pouvait se réjouir; il avait réussi au delà de toute espérance. Ce fut comme une irruption; si soudaine que les hommes demeurés dans les batteries ne se rendirent compte du danger qu'au moment où aucune retraite ne leur était plus possible. Des piles de tentes rangées près des sabords étaient devenues autant de brasiers, aux premières flammes poussées par le vent dans l'intérieur du

1. C'était un vaisseau de quatre-vingts.

navire. Les courants d'air avaient fait le reste, et des nappes de feu barrèrent toute issue à des centaines de malheureux condamnés à la plus atroce des morts. Sur le pont une fumée épaisse, les craquements de la mâture que l'incendie gagnait, les râles de ceux qui suffoquaient dans les flancs du vaisseau, et jusqu'au zèle des plus courageux, se bousculant pour demander des ordres, tout contribuait à paralyser les efforts des officiers. Les canots, mis à la mer en toute hâte, coulèrent presque aussitôt, surchargés d'affolés dans l'esprit desquels cette formidable invasion du feu, en pleine fête, prenait un caractère diabolique qui les terrorisait. Les hommes de sang-froid qui ne s'étaient pas mêlés à la masse des fuyards se crurent un moment sauvés; des chaloupes arrivaient en nombre; les cris d'encouragement de leurs équipes répondaient aux appels; quelques minutes encore, et elles accostaient, lorsque subitement la fournaise devint telle que les rameurs s'arrêtèrent hésitants. Une embarcation cependant poussa jusque sous la poupe du vaisseau; elle revint aussitôt, ramenant Kara-Ali mourant, le crâne brisé par la chute d'une vergue. Pour comble de malheur, la plupart des canons étaient chargés; les gargousses s'enflammant, des boulets commencèrent à ronfler dans toutes les directions. S'approcher alors de ce volcan, c'était courir à une perte certaine, et les matelots qui venaient au secours de leurs camarades durent assister impuissants aux dernières phases du sinistre. Lorsque le jour parut, il ne restait du bâtiment à trois ponts, de la « montagne mouvante », suivant l'expression des Ottomans, que des planches à moitié calcinées et des tronçons de mâts entraînés par le courant vers la côte d'Asie. Le brûlot de Canaris avait fait à peu près deux mille victimes, et, de même qu'à Porto-Sigri, les incendiaires s'étaient enfuis indemnes. Est-il donc bien absurde de prétendre que l'équipage du brûlot, commandé par un capitaine vraiment « marin », avait les plus grandes chances de revenir sain et sauf?

CHAPITRE XI

L'ENSEIGNE BISSON

Il est trop peu connu, ce nom, le nom d'un vrai brave et dont la fin tragique aurait déterminé une crise aiguë de lyrisme chez les déclamateurs phil-hellènes s'il avait porté un costume de palikare tout brodé d'or, et non le simple uniforme d'officier de marine ; s'il eût été à la tête d'un équipage de forbans, au lieu de commander à quelques honnêtes matelots français.

On n'a donc sur lui que peu de renseignements, mais une note du commandant de la *Daphné*, M. Peyronnet, en dit assez dans sa concision pour nous montrer quel noble cœur fut sacrifié à une si triste cause.

« Avec quelle chaleur, écrit-il, ne devrais-je
« pas appeler votre bienveillante attention sur un

« officier tel que celui que j'ai le bonheur d'avoir
« pour second ! M. Bisson, enseigne de vaisseau,
« âgé de trente ans, est un marin expérimenté et
« d'aplomb, très instruit, plein de zèle et d'ar-
« deur; loin de rechercher un embarquement
« moins pénible, il n'a d'autre désir que de voir
« nos communs efforts atteindre d'honorables
« succès; toujours disposé à s'élancer dans les
« expéditions les plus hasardeuses, son courage
« n'attend qu'impatiemment l'occasion de se
« signaler. »

Cette occasion, le jeune officier devait la trouver, hélas ! deux ans plus tard, et payer de sa vie un rayon de gloire bien fugitif, car aujourd'hui combien parmi nous savent que l'enseigne Bisson fut un héros ?

C'est dans les premiers jours de novembre 1827 que se passa ce drame si simple et si grand. Le mois précédent, un de nos croiseurs avait capturé un brick pirate, le *Panayoti*, qui, mené devant Alexandrie, y fut confié à Bisson, alors officier de la frégate la *Magicienne*, avec laquelle il devait naviguer de conserve jusqu'à Smyrne. On avait laissé à son bord six prisonniers grecs. Quant à l'équipage, il se composait de quatorze matelots et du pilote côtier Trémintin, dont le rapport, si peu lettré qu'en fût l'auteur, est un vrai récit qui donne l'impression absolue de la réalité.

Ce rapport, adressé à M. de Venancourt, commandant de la *Magicienne*, le voici intégralement :

« Mon commandant, j'ai l'honneur de vous
« rendre compte du malheureux événement qui
« a causé la destruction de la prise pirate le
« *Panayoti* où vous m'aviez mis comme second
« de M. l'enseigne de vaisseau Bisson, à qui vous
« aviez confié le commandement. Dans la nuit
« du 4 au 5 novembre, le mauvais temps nous
« ayant séparé de la frégate, le capitaine se
« détermina à chercher un abri contre le vent et
« fit route en conséquence pour l'île de Stam-
« palie. A deux heures moins un quart, arrivés à
« la pointe de l'île, deux des prisonniers grecs
« se sont jetés à la mer pour joindre la terre. Le
« cinq, à huit heures du matin, nous avons
« mouillé dans une petite baie située à trois
« milles sous le nord-ouest de la ville de Stam-
« palie. Le même jour, M. le capitaine Bisson
« fit charger nos quatre canons, tous nos fusils,
« et fit monter sur le pont tous les sabres.
« Aucune bonne disposition ne fut négligée pour

« repousser les pirates qu'il supposait pouvoir
« venir nous attaquer à l'instigation des deux
« Grecs échappés. A six heures du soir, le capi-
« taine fit prendre un peu de repos. Avant de
« me laisser, il me dit : « Pilote, si nous sommes
« attaqués et qu'ils réussissent à s'emparer de ce
« bâtiment, jurez-moi de mettre le feu aux pou-
« dres si vous me survivez. » Je lui promis de
« remplir fidèlement ses intentions. A dix heures
« du soir, nous aperçûmes deux grandes tartanes
« doubler une pointe de rochers, et dont les
« hommes se mirent aussitôt à pousser des cris.
« Chacun de nous se mit de suite à son poste de
« combat. Le capitaine Bisson monta sur le
« beaupré pour mieux observer les tartanes qui
« se dirigeaient sur notre avant en nageant avec
« force. Le capitaine les fit héler plusieurs fois ;
« enfin, les voyant à demi-portée de fusil, il nous
« donna l'ordre de tirer et tira lui-même son
« fusil à deux coups. Elles nous répondirent par
« une vive fusillade. Une des tartanes nous
« aborda presque aussitôt par-dessous le beaupré,
« et l'autre par la joue de bâbord. Plusieurs des
« nôtres avaient déjà succombé ; en un instant,
« malgré tous nos efforts et ceux de notre brave
« capitaine, plus d'une centaine de Grecs furent

« sur notre pont. Une grande partie d'entre eux
« s'affalèrent aussitôt dans la cale et dans les
« autres parties du bâtiment pour piller. Je com-
« battais à ce moment à tribord près du capot de
« la chambre; le capitaine, qui venait du gaillard
« d'avant et qui était couvert de sang, me dit :
« Ces brigands sont maîtres du navire; la cale et
« le pont en sont remplis; c'est là le moment de
« terminer l'affaire. Il s'affala aussitôt sur le
« tillac de l'avant, chambre qui n'était que trois
« pieds au-dessous du pont et où étaient les pou-
« dres; il tenait cachée dans sa main gauche une
« mèche; dans cette position il avait le milieu du
« corps au-dessus du pont. Il me donna l'ordre
« d'engager les Français encore en vie de se jeter
« à la mer; ensuite il ajouta en me serrant la
« main : Adieu, pilote, je vais tout finir. — Peu
« de secondes après, l'explosion eut lieu, et je
« sautai en l'air. — Étant arrivé à terre presque
« mourant et gisant sur le sable sans secours, je
« ne saurais dire comment j'y suis arrivé; ce
« n'est que par un effet de la puissance divine;
« dans cet état, un des brigands échappés du
« désastre me dévalisa, en me mettant un poi-
« gnard sur le cœur, de tout ce que j'avais,
« notamment de la montre du brave capitaine

« Bisson qu'il m'avait confiée. Enfin des hommes
« envoyés par le gouverneur de l'île pour faire la
« recherche des malheureux qui auraient pu
« gagner la plage m'ont relevé et conduit chez
« lui à deux heures du matin du six. Les mate-
« lots Hervy et Le Guillou rallièrent le même
« jour la maison que j'occupais, et cinq jours
« après les matelots Carsoule et Bonyson, restés
« errants dans les montagnes, furent ramenés par
« des gens envoyés par le primat de l'île. —
« C'est le 8 du courant, lorsque j'eus un peu
« recouvré mes forces, que, sur la sollicitation
« du gouverneur, je me décidai à envoyer la rela-
« tion de notre malheureux naufrage au consul
« de l'île de Santorin. Celui-ci s'empressa d'en
« faire parvenir la nouvelle à M. Brest, consul de
« Milo. Les événements postérieurs sont entiè-
« rement à votre connaissance. Permettez-moi
« de recommander à vos bons soins les matelots
« Bonyson, Carsoule et Henry, qui ont brave-
« ment combattu et ne se sont jetés à la mer
« qu'au dernier moment et sur mon ordre précis.

« *Signé :* Trémintin, pilote côtier. »

CHAPITRE XII

LES ÉGYPTIENS

« Nous avons voulu faire connaître la Grèce et
« les héros de l'Indépendance avant d'amener les
« Égyptiens sur le théâtre de la guerre. Assez de
« cris de fureur ont retenti en France et en
« Italie, quand Ibrahim pacha parut dans l'Ar-
« chipel, assez d'insultes violentes accueillirent
« la nouvelle de ses victoires, assez souvent le
« nom de boucher et de bourreau fut-il prodigué
« à Méhémet Ali et à son fils. L'histoire est
« sévère, elle doit être impartiale, nous avons
« déblayé le terrain, dressons nos tentes, nous
« avons montré les agneaux grecs, appelez bou-
« chers ceux qui sont venus les combattre et les
« vaincre ! » [1]

[1]. Aimé Vingtrinier. Soliman pacha. Chap. VI. p. 149.

On ne saurait mieux s'élever contre le parti pris de l'Europe en faveur de gens si peu dignes d'intérêt que les prétendus opprimés « du pays des souvenirs ». Ces opprimés, au commencement de 1824, occupaient, à l'exception de Coron et de Modon, toutes les places fortes du Péloponèse ; l'Archipel appartenait aux insulaires qui n'avaient plus été sérieusement inquiétés depuis la mort de Kara Ali. En un mot, l'insurrection semblait victorieuse : sur mer avec les brûlots, sur terre, grâce aux tortures de la faim et de la soif, qui avaient amené les garnisons assiégées à capituler. Le sultan Mahmoud ne se leurra pas un instant sur la situation et comprit qu'il devait renoncer à s'attaquer aux positions perdues, tant que les escadrilles grecques pourraient les ravitailler. Il lui fallait donc avant tout redevenir maître de la mer. Ce résultat obtenu, la réoccupation des points fortifiés était assurée sans grande perte d'hommes et sans que le Trésor en fût amoindri. Mais, pour mener à bonne fin une entreprise qui exigeait des équipages nombreux et bien entraînés, commandés par d'adroits manœuvriers, la marine turque, malgré de nouveaux armements, de réels progrès, était encore insuffisamment préparée. Mahmoud n'hésita pas à recourir au pacha d'Égypte [1], à l'homme de génie qui, des derniers rangs du peuple, s'était élevé sans autre appui que sa volonté jusqu'au niveau des rois.

Mohammed Ali mit aussitôt tout en œuvre pour satisfaire son suzerain dont la démarche le flattait en même temps qu'elle lui fournissait l'occasion de participer au châtiment de pirates qui, à plusieurs reprises, étaient venus écumer les eaux égyptiennes. Un mouvement extraordinaire anima du jour au lendemain le port d'Alexandrie où s'armait une des plus belles flottes qui jamais aient sillonné la Méditerranée. En même temps des régiments arrivaient du Caire, de Mansourah, de Zagazig, et dès le premier juin, quinze mille hommes campaient autour de la ville, exaltés à l'idée de se mesurer avec les infidèles. Le succès de l'expédition ne faisait de doute pour personne [2]; les insurgés étaient condamnés. Cependant, ces préparatifs si activement poussés semblaient trop lents encore à Mohammed Ali. Avant que les transports fussent en état de prendre la mer, impatient de porter les premiers coups, il donna

---

1. Ce n'était pas la première fois que le Sultan s'adressait à son énergique vassal dont le gendre, Hassan pacha, avait rétabli l'ordre en Crète, deux années auparavant.
2. La Grèce sera turque avant six mois, disaient **les consuls**.

l'ordre d'appareiller à une escadre de trois frégates et dix corvettes commandée par Ismaïl Djebel Akhdar [1] pacha, officier du plus rare mérite, qui inspirait une confiance absolue à ses subordonnés. Comme troupes, ces navires transportaient trois mille Albanais, dont le chef Hussein bey Djéritli, auquel tous prophétisaient un brillant avenir, devait tomber dix-huit mois plus tard sous les murs de Missolonghi.

Ce fut vers l'île de Kaxos que se dirigèrent les Égyptiens. Kaxos est un rocher bizarrement découpé, aux flancs abrupts, long tout au plus de quatre lieues. Dépourvu de terre végétale, balayé par tous les vents, sans une baie abritée où l'on puisse établir un port, il n'en contenait pas moins sept mille habitants, vivant de déprédations incessantes, faites alternativement en Crète, à Rhodes, Chypre ou sur les côtes de Karamanie, de Syrie et d'Égypte. Leur cruauté inouïe faisait l'admiration des autres pirates avec lesquels ils ne frayaient que fort peu. C'était un de ces groupes farouches qui se meuvent en dehors de l'humanité

---

1. Et non Gibraltar ! comme ont écrit quelques historiens, entre autres Finlay et, d'après lui, l'amiral J. de la G. qui, trop souvent, n'a fait que traduire presque mot à mot l'écrivain anglais, qu'il ne nomme pas une seule fois.

comme les Magnotes et les tribus du Riff. Selon toute vraisemblance, on leur impute la disparition du plus grand nombre de navires marchands dont on ne revit jamais une épave. Jugeant leur île inaccessible pour des soldats en armes, non seulement les Kaxiotes ne songeaient pas à se fortifier, mais poussaient la négligence jusqu'à ne prendre aucune précaution qui les mît à l'abri d'un coup de main. Et tous dormaient tranquilles, lorsque dans la nuit du 19 juin, les Albanais d'Hussein bey débarquèrent à l'ouest du repaire. Grimper de roche en roche jusqu'à la crête des escarpements, ce n'était qu'un jeu pour ces montagnards. L'heure des meurtriers était venue. Les quatre villages de l'île, investis en même temps, ne purent opposer aucune résistance aux justiciers et les exécutions, commencées vers minuit, durèrent jusqu'à l'aube. Tout homme en état de porter les armes fut impitoyablement mis à mort. Les jeunes femmes et les enfants, embarqués le jour même, étaient dirigés sur Alexandrie, dont le marché n'avait jamais reçu un si grand nombre de « sujets » plastiquement irréprochables.

A propos « des malheureuses arrachées à la terre natale après avoir vu leurs parents, leur époux tomber sous le fer du barbare » il est bon de signaler ce fait, constaté par les officiers de la station du Levant. Chaque fois qu'après un certain temps d'esclavage la liberté fut offerte à une captive grecque, elle refusa obstinément de se séparer du nouveau maître qui la traitait en créature humaine et non comme une bête de somme[1], ainsi que le faisaient les mâles brutaux et paresseux au milieu desquels elle avait vécu jusque-là.

Quant aux enfants, pour la plupart élevés dans de riches familles, ou tout au moins par des gens aisés, ils oubliaient bien vite leurs premières années et, chose curieuse, garçons et filles indistinctement se faisaient presque toujours remarquer par une religiosité poussée à l'extrême, jointe au plus profond mépris de la race dont ils étaient issus.

*
* *

Quelques jours après le succès de Djebel Akhdar et d'Hussein bey, l'amiral ottoman Khosrew pacha, à la tête d'une division navale com-

---

[1]. Comme une bête de somme, plus mal encore peut-être, car des ânes ou des bœufs coûtent cher à remplacer; on peut en voler, il est vrai, mais non sans courir quelque risque, tandis qu'à tout bout de champ ne trouve-t-on pas une jeune fille dont le père est très heureux de se débarrasser.

posée de trente-huit frégates, corvettes, bricks et de quarante transports, amenant environ huit mille hommes, s'emparait d'Ipsara, dont les habitants avaient acquis, au nord de l'Archipel et sur la côte d'Asie, une gloire analogue à celle des Kaxiotes dans le sud. Redoutés des insulaires voisins, ils s'imposaient à eux en maîtres ou plutôt en tyrans. Samos ayant refusé de recevoir un gouverneur et un collecteur des taxes ipsariotes, ils bloquèrent l'île et la pillèrent. Le succès ininterrompu de leurs pirateries les avait peu à peu conduits à se croire invincibles. Les Turcs, à les entendre, étaient des lâches et le sultan un boucher stupide. « Que le capitan pacha, — disaient-ils au second de la goelette « l'Amaranthe », — débarque chez nous autant d'hommes qu'il le pourra, nous voudrions qu'il en amenât cinquante mille ! ».

D'après M. de Reverseaux, une heure et demie suffit aux troupes de débarquement pour s'emparer de tous les points fortifiés, pour qu'Ipsara retombât « sous le despotisme ottoman ». Et cependant, ajoute le même officier, « c'était une des principales colonnes sur lesquelles s'appuyait l'édifice de la régénération. »

Il va de soi qu'un si brillant fait d'armes ne pouvait être enregistré sans qu'on feignît de n'y voir autre chose que le résultat d'une trahison machinée de longue date. On prétendit pour cela que les Rouméliotes, défenseurs des principales batteries, avaient abandonné leur poste au premier coup de feu, soudoyés par des agents secrets. Comme toujours au sujet des « malheurs de la Grèce », on se heurte ici à des affirmations qui déconcertent par leur absurdité. Cinq mille Ipsariotes, prétend l'amiral Jurien de la Gravière, et dix-sept mille réfugiés de Smyrne, de Chio et d'Aïvali furent égorgés[1] ou emmenés en esclavage. Finlay, moins

---

1. Peut-être à ce sujet ne sait-on pas que de tout temps le troupier ottoman eut la déplorable habitude de se laver les mains dans le sang de ses victimes. Un recueil de vers intitulé « *Petites Orientales* » et dont malheureusement l'auteur a gardé l'anonymat, ne permet plus de mettre en doute cette coutume barbare. Le poète, entre autres, décrit en quatre-vingt-douze alexandrins un terrible carnage. Les Turcs ont envahi un village et l'ont incendié, il ne reste plus :

> De la blanche demeure où s'abritait la paix
> Que des pans de murs noirs et des amas de cendres
> D'où jaillit la fumée en tourbillons épais.

Mais l'église est encore debout, des chrétiens s'y sont réfugiés, ils se confessent réciproquement. Les monstres volent sur leurs pas, se ruent dans le sanctuaire, ouvrent tous les abdomens hellènes à grands coups de yatagan :

> Puis ils souillent l'autel, la croix, les portraits saints
> Et d'horreurs à la fin les brutes enivrées
> Plongent en ricanant leurs poignets assassins
> Dans le sang tiède encor des femmes éventrées.

Et c'est toujours ainsi que cela finissait.

amplificateur, ne pense pas que la population totale dépassât de beaucoup douze mille âmes, chiffre évidemment exagéré encore, tant de familles n'ayant pu subsister, ne fût-ce qu'une semaine, sur un rocher dénudé dont la superficie habitable n'est pas d'un myriamètre carré.

*
* *

Cette prise facile de deux nids de pirates, considérés jusqu'alors comme presque inexpugnables, enthousiasma Egyptiens et Albanais désignés pour prendre part à la campagne qui s'ouvrait. Une animation fébrile s'empara de chacun. Alexandrie, déjà si vivante depuis plusieurs semaines, devint un foyer d'activité dont aucune ville d'Orient n'avait encore donné d'exemple ; et cela sans qu'un seul armement ne s'achevât dans le plus grand ordre. Un Anglais, marin expérimenté, a déclaré que, dans certains ports britanniques, on n'eût pas mieux fait en si peu de temps. Émise par un sujet du roi Georges IV, une telle appréciation équivaut à tous les éloges. Le 9 juillet, les derniers arrimages étaient terminés, les dernières troupes embarquées et, le 10 au matin, toute la flotte appareillait sous les ordres d'Ibrahim pacha, fils de Mohammed Ali [1]. Elle se composait de soixante-trois navires de guerre qui convoyaient une centaine de transports chargés de munitions pour plus de deux années et emmenant huit mille hommes d'élite, sept cents chevaux, de l'artillerie de siège et des pièces de campagne. Après vingt-quatre jours de lutte contre un vent du nord assez violent pour avoir chassé hors de leur route plusieurs de ses vaisseaux, Ibrahim jeta l'ancre dans le golfe de Makry, où il célébra le Courban Baïram avec une solennité exceptionnelle. Ce fut, aux yeux des soldats, comme la consécration religieuse de la tâche qui leur incombait. L'armée descendue à terre se rangea en longues files sur le rivage. Au coucher du soleil, la flotte, illuminée par d'innombrables lanternes de couleur, se mit à tonner de toutes ses bouches à feu, tandis que des salves de mousqueterie crépitaient autour de la baie. Puis, brusquement, le silence se fit et lorsque les nuages de fumée commencèrent à se dissiper, laissant voir de place en place la voûte

---

[1]. Fils adoptif, a-t-on prétendu. Rien de positif ne confirme cette allégation.

assombrie du ciel, le croissant de la nouvelle lune, salué par une immense clameur, se dessina au milieu d'un scintillement d'étoiles! Désormais Ibrahim pouvait tout demander à ses troupes, dans la pensée desquelles le symbole de l'Islam, apparu tout à coup, manifestait clairement la protection de Dieu.

Le premier septembre, Égyptiens et Ottomans opéraient leur jonction dans le golfe de Boudroun, sous le commandement suprême de Khosrew pacha. Quatre jours plus tard, soixante-dix ou quatre-vingts bricks, réunis par Miaoulis, se montraient entre Cos et l'île de Kappari. Les Turcs mirent de suite à la voile et une canonnade aussi violente que peu meurtrière s'ouvrit bientôt de part et d'autre.

Après une série de manœuvres très diversement relatées, mais assez confuses en tous cas, les flottes se séparèrent sans avoir subi aucun dommage sérieux. Ibrahim, dit-on, fut enchanté de cette journée ; c'était le premier engagement naval auquel il assistait et l'insuccès de deux brûlots dirigés contre sa frégate lui avait fait perdre toute l'appréhension qu'inspiraient alors aux plus courageux les bricks incendiaires. Le dix du même mois, les alliés quittèrent Boudorun, remontant vers Samos où ils devaient se séparer. Favorisés par un vent de sud-est, il s'en fallut de peu qu'ils n'enveloppassent la division de Miaoulis [1], que le calme avait arrêtée au moment où elle doublait la petite île d'Ataki. Par malheur, une brise assez fraîche atteignit les Grecs avant que la retraite ne leur fût coupée. Rapidement dégagés, ils eurent aussitôt recours aux brûlots, mais avec plus de chance que dans le combat précédent. Une frégate, qui s'était imprudemment écartée de l'escadre, reçut le choc de l'un d'eux et ne put se dégager; elle s'embrasa en quelques instants [2]. Il en fut de même pour une corvette

---

1. Miaoulis avait, ce jour-là, bien mal choisi les héros destinés à « porter la terreur » au milieu de l'ennemi. L'équipage du premier brûlot l'avait quitté beaucoup trop tôt et celui du second, tout à coup affolé, s'était jeté dans la chaloupe, oubliant de mettre le feu à la mèche.
2. Son équipage se composait de quatre cents hommes et elle transportait deux cent cinquante réguliers arabes. « Tout périt dans les flammes ou s'abîma dans les flots », — dit l'amiral Jurien de la Gravière. Cette assertion est fausse. Le vieux marin philhellène a passé sous silence un des crimes les plus odieux dont se soient souillés ses insulaires bien aimés. Voici la vérité : Le capitaine, un colonel et quelques bons nageurs, recueillis par un navire grec, furent égorgés peu après à Hydra en même temps qu'un certain nombre de prisonniers turcs qui les y avaient précédés.
Un témoin oculaire, sir James Emerson, dans *A Picture of Greece* in 1825, raconte ce massacre de deux cents malheureux « abattus comme des moutons » dans le jardin public d'Hydra, sans qu'aucun primat ou capitaine fît le moindre effort pour

ottomane, qui ne put éviter un brûlot ipsariote.
Les deux amiraux, très affectés de ces pertes et
comprenant qu'ils ne pourraient atteindre un
ennemi dont les évolutions défiaient toute poursuite, regagnèrent leur mouillage de la veille et
s'y concertèrent longuement au sujet d'un nouveau plan de campagne. Primitivement, il avait
été convenu que Khosrew occuperait Samos,
tandis qu'Ibrahim continuerait sa route vers la
Morée, objectif de l'expédition égyptienne. L'habileté déployée par Miaoulis ne permettait pas
au capitan pacha d'espérer plus longtemps la réalisation de ce projet. Livré à ses seules ressources,
il courait au-devant d'une catastrophe certaine.
Heureusement pour lui, le fils de Mohammed Ali
avait l'âme assez haute pour sacrifier, momentanément du moins, son intérêt personnel à la
cause commune. Il consentit donc à ce que ses
frégates se joignissent à l'escadre turque et, prévoyant une longue attente, il fit débarquer à
Boudroun ses troupes énervées par plus de six
semaines d'entassement à bord de navires surchargés où tous ne trouvaient pas une place pour

les sauver. La disparition d'un brick hydriote, que l'on supposa, sans preuve aucune, coulé par les ottomans, fut le prétexte de cette boucherie.

s'étendre. Au grand étonnement des chrétiens du littoral, qui s'attendaient à être pillés et maltraités par cette « horde d'ennemis de l'Église », pas une violence, pas une injure même ne put être reprochée aux soldats d'Ibrahim. Quant à Khosrew, il jouait décidément de malheur : harcelé par les fins voiliers de l' « amiral » hydriote ; détourné à plusieurs reprises de sa route par les bourrasques d'équinoxe, devant lesquelles ses navires, trop haut mâtés, devaient fuir presque à sec de toile [1], il se persuada que cette année était néfaste pour lui, et prit le parti d'aller mouiller aux Dardanelles, laissant aux prises avec les pires difficultés, ce marin de la veille qu'était le prince égyptien.

Mais il appartenait, celui-là, à la race des indomptables, des sublimes entêtés que n'ont jamais effleuré la crainte ou le découragement. Dès qu'il crut ses troupes suffisamment reposées pour affronter de nouvelles fatigues, il ordonna leur embarquement et se dirigea sur la Crète où l'attendaient plusieurs régiments au complet,

---

1. Les bâtiments turcs, dit Finlay, avaient en général une mâture si haute et si défectueusement gréée que, pendant un ouragan, on ne pouvait en une heure orienter leurs vergues, et même dans l'archipel, les « meltems » ou grains d'été, les obligeaient parfois à changer de route.

arrivés depuis peu d'Alexandrie avec un stock considérable d'armes neuves et de munitions. Le 13 novembre dans l'après-midi, au moment où la grande île venait d'être signalée, une vingtaine de bricks surgirent au nord-ouest, faisant force de voiles vers les transports, qui, sous la protection d'une seule frégate, marchaient très en avant des navires de guerre. Grâce à la précision habituelle de leurs manœuvres, ce fut un jeu pour les assaillants, d'entourer le bâtiment convoyeur. — Mais, si avantageusement placés fussent-ils, et si nombreux, ils n'en lancèrent pas moins un brûlot qui enflamma les bonnettes de l'Ottoman à bord duquel se répandit une telle confusion que cent hommes résolus, envahissant sa batterie, s'en fussent aisément rendus maîtres. Les corsaires de l'Archipel, on l'a déjà vu, nourrissaient une prévention tenace contre les luttes corps à corps; chez eux la peur des coups prédominait naturellement comme chez Panurge et plutôt que d'affronter le tranchant des sabres turcs, ils préféraient renoncer aux bénéfices d'un succès assuré.

Cette timidité dans l'attaque sauva d'un désastre irréparable l'expédition du vaillant pacha. Néanmoins, le mal fut grand, plusieurs transports tombèrent, avant le coucher du soleil, entre les mains des Grecs; d'autres, craignant pareil sort, profitèrent de la nuit pour faire route au sud et regagner Alexandrie. Le lendemain, à l'aube, Ibrahim se voyant une fois encore obligé de reculer, ralliait à l'abri de Scarpanto les restes de son convoi et, deux jours après, mouillait en face de Rhodes dans la baie profonde de Marmorice. Combien d'autres, après tant de déboires, n'eussent pas regardé ce dernier échec comme un signe impératif du destin ordonnant la retraite? Pour lui, ce n'était toujours que partie remise, et le 5 septembre, ne pouvant se contraindre plus longtemps à l'immobilité, il reprenait la mer, décidé, coûte que coûte, à balayer de son chemin ses insaisissables ennemis [1].

Ceux-ci ne devaient plus se montrer. Croyant les Égyptiens découragés au point de rester tout l'hiver au mouillage, ils songèrent que leur paye arriérée de plusieurs mois représentait une somme assez ronde au crédit de chacun. Miaoulis, mis à l'improviste en demeure de régler toutes les soldes, déclara que, jusqu'à la fin de la croisière, il lui serait impossible de verser même un à compte aux réclamants. Cette réponse, bien qu'attendue,

1. Je ne crois pas que notre siècle offre deux exemples d'une pareille opiniâtreté.

fut accueillie par les huées de tous les équipages : « De l'argent, — crièrent-ils, — de l'argent, où ne comptez plus sur nous; peiner pour rien n'est pas notre affaire, nous laissons cela aux Turcs! » Frappé en plein cœur par la basse cupidité de ces hommes qu'il avait rêvés héroïques comme lui, Miaoulis essaya de leur faire comprendre ce que ces paroles avaient d'odieux en un tel moment, alors que « l'oppresseur, aux portes de la Patrie, menaçait d'étouffer sa liberté naissante ». Tour à tour ému, indigné, pathétique, il leur parla gloire et désintéressement, ample moisson de lauriers, immortelle renommée, il s'étendit sur la reconnaissance infinie des générations futures, qui grâce à eux ne verraient pas le sol natal souillé par le pied des barbares. — Éloquence perdue; beaux sentiments exprimés dans le vide. Les marins ne voulurent rien entendre; des drachmes ou le retour immédiat aux îles, tel était leur *ultimatum*. Le malheureux capitaine courba la tête et ramena son escadre à Nauplie pensant y trouver de quoi satisfaire ceux qui venaient de trahir si cruellement ses espérances, car il voyait, dans leur défection, la conquête assurée de la Grèce par l'armée d'Ibrahim. — Aux derniers jours de décembre, en effet, l'infatigable lutteur mouillait à Candie, dans la baie de la Sude, où il renouvelait toutes ses provisions et embarquait des troupes de renfort. Vers la fin de janvier, en dépit des menaces d'un hiver particulièrement rigoureux, il remettait à la voile et, le 24 février 1825, il débarquait à Modon, accomplissant le vœu qu'il avait fait, en quittant Alexandrie huit mois auparavant, de ne mettre pied à terre que sur la côte de Morée.

*
* *

Au commencement de 1825, les révoltés ne trouvaient pas dans leur vocabulaire d'expressions assez fortes pour peindre le mépris qu'ils ressentaient par anticipation à l'égard des soldats égyptiens. A les en croire, ces arabes, ces nègres fuiraient comme des daims effarouchés à la vue seule des armatoles. Trouvant indigne d'une vaillance telle que la leur de prendre les moindres précautions contre un ennemi si peu à craindre, ils laissèrent presque démantelée la forteresse de Navarin, qui, par sa position, devait être sans aucun doute un des prinicpaux objectifs du pacha. A cette époque « le siège de la présidence » était occupé par Georges Condouriotis, une des plus étonnantes incapacités poussées sur le fumier de la révolution. Lors du débarquement d'Ibrahim à Modon, il se laissa persuader sans difficulté de prendre le commandement des troupes, dont l'effectif, à sa grande surprise, n'atteignait pas dix mille hommes, bien que depuis plusieurs mois on en payât régulièrement le triple. Sa vanité imbécile lui fit probablement croire qu'il était désigné par la Providence pour jouer le rôle de libérateur; il quitta Nauplie en grand appareil, maintenu avec peine sur un cheval princièrement harnaché, par deux écuyers, sans le secours desquels il eût vidé les arçons au premier tournant[1]. Derrière ce grotesque, marchait un cortège nombreux composé de ses secrétaires, de ses gardes particuliers, de porteurs de pipe et de valets d'écurie. Au sortir de la ville, il

---

1. Finlay, T. VI. p. 358. — La simplicité avec laquelle Ibrahim ouvrit la campagne, dit plus loin le même historien, offrait un contraste frappant avec le cérémonial affecté par le président Hydriote et les capitaines grecs. L'aspect des deux armées n'était pas moins différent. Tandis que l'or de l'emprunt anglais brillait sur les vestes richement brodées des soldats grecs, on ne pouvait voir un seul galon de fantaisie dans les rangs égyptiens. Le camp grec semblait contenir une foule armée de gens rassemblés au hasard, le camp égyptien était un modèle d'ordre et de discipline.

fut salué par les batteries de la citadelle et des remparts auxquelles répondirent les caronades des bricks mouillés dans le port [1]. Mavrocordato, dont le passage au pouvoir avait donné lieu à plusieurs scènes analogues, accompagnait Condouriotis en qualité de conseiller, flanqué lui-même d'un vieux marin, le capitaine Skourti, « lieutenant général de l'armée hellénique ». Après avoir pris en quelques jours vingt décisions contraires, hésité à marcher sur Patras, résolu de renforcer Tripolitza, puis s'être dirigé sur Navarin par Kalamata, ce qui doublait sa route, il revint au point de départ, ignorant comme devant, le son des fusils ennemis.

Pendant ce temps, Ibrahim redoublait d'activité ; dès le 2 mars, c'est-à-dire une semaine après son débarquement, il mettait en déroute un corps d'armatoles qui, « pour fuir plus vite, suivant l'expression d'un de nos consuls, laissèrent derrière eux leurs souliers ». Cette première rencontre ne retarda pas d'une journée le mouvement des troupes africaines qui, le 25, commençaient le siège de Navarin et du vieux château de Pylos. Le moment était décisif pour les

[1]. *Historical shelch of the Greck Révolution*, par le D^r. S. G. Howe, témoin oculaire.

Grecs; ils le comprirent; un peu moins dédaigneux des nouveaux venus auxquels ils résolurent d'opposer de suite la fine fleur de l'armée, sept mille hommes environ, comprenant des Armatoles rouméliotes, des Moréotes choisis, des Albanais de l'Argolide et une bande de Souliotes.

Ils arrivèrent « héroïques et superbes » en vue des Musulmans, tous ces guerriers aux chamarrures étincelantes, prêts à jeter à la mer le troupeau des barbares! Les plus jeunes entonnaient des airs nationaux :

« Faites-moi une tombe large et haute, — chantaient-ils entre autres, — que je puisse m'y tenir
« debout, charger mon fusil et combattre...

« Ouvrez-y aussi une fenêtre à la droite, que
« les hirondelles m'y viennent annoncer le prin-
« temps et les rossignols y célébrer le mois fleuri. »

Cette poésie n'est-elle pas profondément touchante? ne devine-t-on pas chez ceux qui l'exhalaient, au moment où la mort les effleurait peut-être de son aile, une sublime insouciance du danger?

« Ibrahim attaqua cette armée avec trois mille
« fantassins réguliers, quatre cents cavaliers et
« quatre pièces de canon. Les Arabes reçurent
« l'ordre de charger les Souliotes et les Arma-

« toles à la baïonnette. Ils marchèrent d'un pas
« ferme sur les retranchements ennemis, sans
« broncher, quoique plusieurs tombassent en
« chemin. Après une faible résistance, les troupes
« grecques lachèrent pied et prirent la fuite dans
« toutes les directions. Quelques volées d'artil-
« lerie et une charge de cavalerie complétèrent
« la victoire des Égyptiens. Les Grecs avaient
« laissé six cents morts sur le champ de ba-
« taille [1] ».

*
* *

Quelques jours plus tard, Hussein-bey Djéritli, le vainqueur de Kaxos, arrivé au camp d'Ibrahim avec des renforts, s'étonna de certaines dispositions qui lui semblèrent fort défectueuses et suggéra aussitôt à son chef un nouveau plan d'attaque contre Navarin, dont la baie est entièrement commandée par l'île de Sphaktérie [2], longue de

1. *Station du Levant*, T. 1er p. 300, traduit du reste de *History of Greece*. — Je n'aurais jamais osé accuser les Grecs d'une telle couardise; je me suis borné à copier l'appréciation de deux philhellènes.
2. L'île de Sphaktérie était défendue par un millier d'hommes et douze canons.

deux milles et demi environ, sur moins d'un tiers de large. Sphaktérie occupée, c'était la prise à bref délai et de Pylos et de Navarin! Le jeune officier, approuvé sans réserves et chargé de mener à bonne fin l'opération que lui avait indiqué son coup d'œil de stratégiste inné, débarqua le 8 mai sur la pointe méridionale de l'île à la tête d'un régiment de réguliers égyptiens et de Moréotes musulmans. Une fois de plus, Armatoles, Klephtes, artilleurs, tous ou presque tous montraient les talons, comme si les baïonnettes arabes avaient eu le pouvoir magique de les affoler, rien qu'en scintillant au soleil.

Cette échauffourée coûta la vie à un exilé piémontais, homme de rare valeur, le comte de Santa-Rosa. Il fut de ceux qui, au début de l'insurrection, crurent le plus ardemment à la sainteté de la cause hellénique. « Son amour pour la
« Grèce, — dit un enthousiaste, — avait quelque
« chose de sacré et de solennel. Ainsi que lord
« Byron, il se croyait tenu d'acquitter autant qu'il
« était en lui, la dette contractée par l'esprit
« humain envers le berceau de tous les arts,
« envers la source de toute poésie et de toute
« civilisation. » — Il s'était persuadé, le malheureux, qu'il ne pouvait voir de sang-froid les Grecs

abandonnés « à la vengeance des ennemis de la foi chrétienne » et femme, enfants, il avait tout quitté pour venir à leur secours. Reçu avec dédain par les membres du gouvernement, ses avis ne furent même pas discutés; on affecta de le considérer comme un aventurier de bas étage, et il n'eût bientôt d'autre ressource que d'aller s'engager parmi les défenseurs (?) obscurs de Sphaktérie[1].

L'étendard du Croissant flottait depuis trois jours à peine au sommet de l'île si aisément conquise lorsque la garnison de Pylos ouvrit les portes du château et obtint la permission de s'éloigner après avoir mis bas les armes. Cette clémence, peu compréhensible pour des gens aussi étrangers que les Grecs à tout sentiment d'humanité, produisit néanmoins le résultat qu'en attendait Ibrahim. Les Rouméliotes, enfermés dans Navarin, voyant que la parole du noble soldat ne ressemblait nullement à celle de leurs chefs, acceptèrent, insoucieux des protestations

1. Il n'a pas eu l'honneur posthume d'être nommé dans l'oraison funèbre prononcée par l'historien Tricoupi, à la gloire des héros morts dans l'affaire relatée plus haut. Cependant, comme la plupart de ses auditeurs, le panégyriste savait fort bien que Santa-Rosa était un des trois ou quatre vaillants qui fussent tombés autrement que sur le nez et parce qu'ils s'enfuyaient trop vite.

d'ailleurs assez vagues de ceux-ci, la capitulation très honorable offerte par un adversaire déjà vainqueur à deux reprises, mais dont le désir évident était de ne recourir à la force qu'à la dernière extrémité[1].

[1]. Le 21 mai, les capitulés s'embarquaient sur des navires de commerce qui, escortés par deux goélettes de guerre autrichienne et française, les conduisirent à Kalamata.

CHAPITRE XIII

IBRAHIM EN MORÉE

Sa base d'opérations assurée, Ibrahim, profitant de la stupeur qui avait paralysé les Moréotes à ses premiers succès, se porta vers le centre de la presqu'île. En quelques jours il occupa Nisi, Kalamata; franchit sans peine la passe de Makryplagi, défendue cependant par plusieurs mille hommes et atteignit Tripolitza abandonnée de sa garnison et de ses habitants, mais pourvue d'une grande quantité de munitions que les officiers de la place avaient oublié de faire détruire dans la hâte de leur fuite. Le 26 juin, il occupait Argos. Les Grecs, forcés de tous côtés, furent pris alors d'une vraie démence de terreur. Brûlant leurs maisons, leurs récoltes, ils ne pensaient plus qu'à laisser un désert derrière eux, trop affolés pour se réunir en bandes armées qui, sur un terrain accidenté comme le Péloponèse, auraient fort bien pu tenir en échec les troupes égyptiennes jusqu'au jour où le manque de vivres les eût obligés à se réembarquer.

C'est alors que le nom d'Ibrahim commença à se répandre dans toute l'Europe, mais nullement comme celui d'un général habile et brave; les bulletins grecs, l'imagination des philhellènes aidant, firent du chef égyptien un monstre à face humaine « avide de voir couler le sang chrétien ». Heureusement pour la mémoire de ce superbe lutteur, les accusations dirigées contre lui sont empreintes d'une si évidente partialité et se contredisent souvent de telle sorte, qu'elles ne méritent pas d'être prises un instant au sérieux. Peut-on admettre, par exemple, qu'un stratégiste de cette valeur se plût à ruiner systématiquement une contrée dont toutes les ressources, au temps de sa prospérité, eussent été à peine suffisantes pour nourrir ses troupes !

C'est pourtant ce qu'affirme l'amiral Jurien de la Gravière : « Ibrahim, dit-il[1], venait de marcher « sur Nisistra et de s'en emparer presque sans

---

1. *Station du Levant.* Tome Ier, p. 323.

« coup férir. — De là, il était descendu dans les
« deux golfes du Magne pour y détruire toutes
« les provisions qui s'y trouvaient. Il parcourait
« ainsi, le fer et la torche à la main, les divers
« districts de la Morée. Ayant derrière lui Modon,
« Coron, Navarin *et de grands magasins ali-*
« *mentés par l'Égypte*, il n'hésitait pas à détruire
« zone par zone le pays. »

Accuser d'une semblable conduite un reître inepte amené par la force des choses à commander, passe encore, mais soutenir que le préféré de Mohammed Ali ait agi aussi follement, c'est à peu près comme si l'on mettait l'incendie de Moscou sur le compte de Napoléon.

Combien de temps, en effet, les approvisionnements des citadelles tombées entre les mains des Arabes auraient-ils pu suffire aux besoins de dix ou douze mille hommes soumis à d'incessantes fatigues? Quelques semaines, tout au plus! Et « ces grands magasins alimentés par l'Égypte », alimentés comment? N'eût-il pas été insensé de compter sur l'arrivée à date fixe de voiliers lourdement chargés et devant traverser une mer capricieuse comme la Méditerranée, puis lutter contre les courants d'un archipel dépourvu de tout phare et infesté de pirates.

Il est inutile d'en dire plus long pour établir que la dévastation de la Morée ne doit pas, ne peut pas être imputée à Ibrahim, mais bien à ses propres habitants qui, vivant dans de continuelles angoisses depuis la première victoire des « envahisseurs », avaient perdu, semble-t-il, jusqu'à la faculté de penser.

Sur quelles données maintenant repose la longue liste d'atrocités qui, d'après un historien, « éveillèrent la stupéfaction et la colère des nations européennes » ? Encore et toujours sur les bulletins ennemis, contredits formellement par les assertions de nos officiers. On verra plus loin le commandant Pujol déclarer le prince égyptien « plein de clémence pour les Grecs qu'il a faits prisonniers », et l'amiral de Rigny lui envoyer des témoignages particuliers d'estime.

« Ibrahim, — dit ce dernier dans un de ses
« rapports les plus circonstanciés, — tenait beau-
« coup à réfuter tout ce que les journaux pu-
« blient de ses prétendues cruautés, et il faut
« convenir que pour nous, témoins rapprochés,
« l'exagération n'a pas plus manqué là qu'ail-
« leurs. »

1. Chap. XVI, page 227.

Voici enfin, puisque j'ai parlé de contradictions, quelques lignes de l'ouvrage auquel je me suis si souvent adressé : *La Station du Levant*; rien ne saurait mieux donner une idée exacte de l'aberration philhellène. « Dans l'espace d'une année, — écrit notre auteur, — Ibrahim enleva du Péloponèse plus de vingt mille femmes et enfants[1] ! » Que devient alors ce qu'il affirme auparavant[2], le digne marin, et d'après le témoignage irrécusable du commandant de la *Sirène* : « Les villages qu'il n'a pas pillés et brûlés l'ont été par les Grecs; pas un ne s'est soumis. Tout a fui et si, dans la marche rapide de sa cavalerie, Ibrahim a pu envelopper quelques familles arcadiennes, ces familles ont été atteintes dans leur fuite. Nulle part le vainqueur n'a trouvé une maison habitée ou une main suppliante. »

En comparant ces textes, on arrive à une conclusion étrange : Ibrahim, dans ses courses à travers une contrée déserte et ravagée par le feu au point de ressembler à ces lugubres paysages lunaires que nous montrent les télescopes, a trouvé le moyen de « dévaster » cette région où

1. *Station du Levant*, Tome II, page 69.
2. *Station du Levant*, Tome Ier page 315.

les chèvres ne trouvaient plus à brouter et d'y capturer vingt mille femmes et enfants !

Le problème est vraiment intéressant et mérite de fixer l'attention de tout officier appelé tôt ou tard à faire partie d'une expédition outre mer.

CHAPITRE XIV

MISSOLONGHI

On a vu qu'à la fin de juin 1825 toute velléité de résistance avait cessé dans le Péloponèse, résistance peu meurtrière pour le vainqueur, mais si quelques centaines d'hommes à peine étaient tombés sous les balles ennemies, en revanche la fatigue, une nourriture insuffisante, un climat aux variations brusques, avaient éclairci les rangs égyptiens dans une effrayante proportion.

Continuer la campagne avec des effectifs aussi réduits, ne pouvait venir à l'idée d'Ibrahim chez qui la témérité faisait place à une extrême prudence lorsqu'il n'était pas surexcité par la griserie du combat. Aussi donna-t-il l'ordre à sa flotte de regagner en toute hâte Alexandrie, où Mohammed

Ali avait rassemblé plusieurs milliers de recrues, sur le désir exprimé par le Sultan de voir l'armée africaine coopérer dans la Grèce continentale à celle de son vizir Reschid. D'un autre côté, le capitan pacha Khosrew, ayant reçu l'ordre de se joindre aux forces navales du vice-roi, leva le blocus de Missolonghi et vint mouiller dans le grand port égyptien presqu'en même temps que l'escadre de Morée [1]. L'embarquement des troupes commença de suite et s'opéra avec le même ordre et la même rapidité que lors de la première expédition. Le 23 octobre 1825, les deux flottes prenaient la mer et le 5 novembre, c'est-à-dire après la plus courte traversée d'Égypte en Grèce que jusque là aient effectué des vaisseaux de haut bord, elles jetaient l'ancre dans la rade de Navarin.

---

[1]. Je suis obligé, dans le cadre restreint d'un volume, de passer sous silence plusieurs faits qui, sans avoir eu visiblement quelque influence sur la marche des événements, n'en offrent pas moins un très vif intérêt, comme la poursuite de Canaris jusque sur les côtes de Caramanie par Mohammed Ali. Le corsaire avait tenté d'incendier les navires ancrés devant Alexandrie, la plupart bâtiments de commerce et ce ne fut que grâce à la vigilance d'un capitaine français, M. Hargovs, que « ce projet infernal », suivant son expression, n'eut pas un plein succès.

*
* *

Ce renfort de onze mille hommes [1] renouvelant l'énergie de troupes fatiguées, mais non démoralisées, tout espoir était perdu pour les derniers révoltés auxquels il ne restait plus que les citadelles de Nauplie, de Corinthe, d'Athènes et Missolonghi, assiégée depuis six mois par Reschid Pacha.

Missolonghi! Que de flots d'encre répandus, que d'indignations soulevées (sincères ou non) au sujet du siège de cette bourgade malsaine, illustrée déjà par la mort de Byron et dont la chute eut presque autant de retentissement en Europe qu'une grande bataille de l'Empire.

C'est là seulement du reste que les Turcs et les Égyptiens trouvèrent une résistance sérieuse.

« Il semble, — dit Finlay, — qu'entre ces
« quelques murs s'est concentré tout le patrio-
« tisme grec. Tandis que les flottes et les armées
« hellènes perdaient leur temps et s'épuisaient
« en d'incohérentes opérations, les pêcheurs
« d'une lagune marécageuse, les paysans d'un

1. Finlay.

« district misérable tenaient tête à un ennemi
« déterminé ».

Reschid Pacha [1], que le Sultan avait mis à la tête des troupes destinées à rétablir l'ordre dans la Grèce occidentale, était fils d'un prêtre géorgien [2]. Converti à l'islam, il avait vivement intéressé Khosrew et celui-ci ne négligea aucune occasion pour mettre en relief les qualités de ce « déserteur de la foi chrétienne », comme disait la *Gazette de France*.

La victoire de Petta ayant valu au « renégat » la plus haute charge militaire de l'Empire, il prouva par sa bravoure et sa fermeté que le Khalife ne s'était pas trompé en l'investissant d'un pouvoir aussi étendu.

Le 6 avril 1825, il franchissait les passes de Makrynoros, « ces Thermopyles de l'Ouest [3] » que trois cents hommes déterminés auraient pu rendre inexpugnables; puis il s'avança sans rencontrer aucun obstacle à travers l'Acarnanie, dont les habitants, saisis d'épouvante, comme les Moréotes à l'approche d'Ibrahim, fuyaient de tous côtés poussant leurs troupeaux devant eux.

1. Voir, chap. 9, *Les deux sièges d'Athènes*.
2. *Station du Levant*, Tome I. p. 333.
3. Tricoupi, T. 3. p. 287.

Le 27 du même mois, il établissait son quartier général en vue de Missolonghi et, le 29, les travaux d'attaque étaient commencés. Ses forces, défalcation faite des troupes laissées à la garde d'une série de postes dans la montagne et sur les golfes d'Arta et de Patras, atteignaient à peine six mille hommes; son artillerie se montait à *trois canons* [1].

La place était en parfait état de défense. Depuis le siège subi trois annnées auparavant, de nombreux chercheurs d'aventures, parmi lesquels on comptait des ingénieurs et d'anciens officiers, avaient transformé le sinistre village, « cette bicoque », comme disait l'amiral de Rigny, en un redoutable camp retranché. Un mur de terre, consolidé par de la maçonnerie et long de deux kilomètres, traversait le promontoire sur lequel étaient groupées les trois ou quatre cents masures qui constituaient Missolonghi.

Ce rempart, défendu par une tranchée profonde et boueuse, flanqué de bastions aux noms ronflants de *Guillaume Tell*, *Kosciusko*, *Franklin*, *Skander bey*, *Botzaris*, *Byron*, avait en batterie quarante-huit canons et quatre mortiers. Toujours

---

1. Finlay, T. VI. p. 374.

d'après Finlay, qui sans doute ne se relisait pas toujours attentivement, la garnison pouvait être évaluée à quatre mille soldats, plus un millier d'habitants et bateliers en état de porter les armes.

Nous voilà loin de cette poignée de pêcheurs et de paysans dont il admire l'héroïsme quelques lignes plus haut. Il faut ajouter que les assiégés, ravitaillés par mer, presque entourés de marécages dont les émanations répandaient la fièvre dans l'armée ottomane, n'eurent qu'un mérite contestable à repousser les premiers assauts d'un ennemi très affaibli dès son arrivée et dépourvu de munitions au point de se servir de pierres comme projectiles.

Le sort parut d'ailleurs se dessiner nettement en faveur des Grecs et la situation de Reschid ne tarda pas à devenir des plus critiques. Ne recevant ses vivres que fort irrégulièrement de Prévésa et de Patras, n'ayant plus de quoi solder les volontaires Albanais qui commençaient à déserter, le nombre des malades enfin s'élevant presque au tiers de l'armée [1], il lui fallut lever le siège vers le milieu d'octobre.

---

1. On ne connaissait pas alors le sulfate de quinine et les troupes de Reschid souffraient surtout de l'impaludisme contre lequel toute médication était impuissante.

Il ne renonçait pas à la lutte cependant et, s'arrêtant au pied du mont Zyrgos, il s'y retrancha fortement, décidé à succomber devant les murs de Missolonghi plutôt que d'abandonner la partie, si compromise qu'elle fût. A ce moment, en effet, sans les dissensions des chefs révoltés et leur ignorance de toute stratégie, les Turcs, facilement cernés par des forces très supérieures, n'eussent pas tardé à succomber aux privations. Peut-être encore ces singuliers officiers considéraient-ils que la fièvre et la faim faisaient dans le camp de Reschid, en dépit de ses communications avec le littoral, des ravages suffisants pour qu'ils n'aient plus à s'inquiéter d'un ennemi « fondant sur place » en quelque sorte. Quoiqu'il en soit, nul parmi la population ne douta d'une défaite irréparable de l'armée ottomane. « Un cri de triomphe — dit un historien, — retentit à l'instant dans toute la Grèce ». Les « triomphateurs » ne devaient pas longtemps chanter victoire; à peine un mois plus tard, en effet, ils apprenaient avec épouvante le débarquement de huit mille Arabes auprès de Patras, où venait les rejoindre le prince égyptien, arrivant à marches forcées de Navarin.

Rassemblés, le 29 novembre, en conseil de

guerre, Ibrahim et les pachas Khosrew, Youssouf et Reschid, résolurent d'unir toutes leurs forces contre Missolonghi et de ne manœuvrer qu'après entente parfaite jusqu'à la fin des opérations. Pour le moment, il fallait se borner au blocus, les travaux d'approches rendus impossibles par des pluies qui avaient transformé la plaine en une immense fondrière. Les assiégés avaient plusieurs semaines de tranquillité assurée, car les vents du nord, assez réguliers pour dessécher la campagne, ne soufflent guère avant février. Ils espéraient encore, malgré les déceptions passées, que d'ici là, le gouvernement, sortant de sa léthargie, leur enverrait des secours suffisants pour prolonger la résistance au point de décourager l'ennemi et d'obtenir de sa lassitude ce qu'ils ne pouvaient demander à la force : une retraite définitive.

L'événement cette fois sembla leur donner raison ; une souscription [1], rapidement couverte,

---

1. « Un essai avait été fait, — dit Finlay (T. VI page 387),
« — pour obtenir une somme suffisante en vendant des ter-
« rains nationaux, mais comme ces terrains garantissaient les
« prêts anglais et que leur vente avait été sévèrement
« défendue par des assemblées nationales, la mauvaise foi du
« gouvernement était trop évidente pour qu'aucun Grec risquât
« son argent sur pareil gage. La conduite des membres du
« corps exécutif était à la fois impolitique et malhonnête ; elle

permit d'équiper vingt navires d'Hydra et quatre d'Ipsara.

Le 21 janvier 1826, cette escadre relativement importante, renforcée de trois bricks spezziotes qui ne s'étaient pas éloignés des eaux de Missolonghi, obligea les croiseurs turcs à chercher un refuge sous les canons de Patras.

Une active communication s'établit aussitôt entre Missolonghi et les Iles Ionniennes. En peu de jours, une alimentation fraîche rétablit en grande partie la vigueur des assiégés, tandis que la vue des munitions qui remplissaient déjà quelques magasins, apportait aux plus soucieux une profonde confiance dans l'avenir.

Ce fut là encore une joie de courte durée pour cette malheureuse population. Les équipages hydriotes avaient touché au départ un mois de paye; le mois écoulé, se refusant à servir leur pays gratuitement, ne fût-ce qu'une heure[1], ils

« prouvait qu'ils manquaient d'honneur au point de violer un
« engagement national et qu'ils étaient assez maladroits pour
« afficher leur mauvaise foi sans en retirer aucun avantage.
« La somme nécessaire à l'équipement d'une escadre fut
« fournie par une souscription nationale. La classe peu aisée
« y contribua largement, tandis que les ministres d'État, les
« armateurs, les fonctionnaires qui s'étaient enrichis avec les
« prêts anglais ou en affermant des taxes, cherchèrent à dissi-
« muler d'importantes fortunes par la modicité de leurs dons ».
1. Finlay.

s'éloignèrent toutes voiles dehors, comme de braves marins impatients de rapporter au logis quelques pièces d'or bien gagnées.

*
* *

Trois semaines après ce départ, Ibrahim engagea vigoureusement l'action et, le 25 février, quarante pièces d'artillerie ouvraient le feu contre Missolonghi, dont les habitants ripostèrent avec énergie.

Deux assauts successifs ayant échoué, Ibrahim changea de tactique ; il lança sur les lagunes une flottille de trente-deux bateaux plats qui lui en assurèrent le commandement complet. Le 9 mars il s'emparait du fort de Vasiliadi, qui défendait la place du côté de la mer, et le 13, Anatolikon capitulait [1].

La position de Missolonghi était alors si évidemment désespérée que les pachas, désireux d'éviter la terrible effusion de sang qu'ils pré-

---

[1]. Cette capitulation, rigoureusement respectée, montre une fois de plus combien étaient absurdes les racontars qui terrorisaient les Missolonghiotes à l'idée de tomber au pouvoir d'Ibrahim.

voyaient, offrirent par écrit à la garnison et aux habitants, la liberté de s'éloigner, de quelque côté qu'ils se dirigeassent à la seule condition de déposer leurs armes. Quant à ceux qui voudraient rester, était-il ajouté, aucune crainte ne devait les troubler; ils demeureraient en possession de leurs biens, et toute protection leur serait accordée.

La générosité de ce langage ne pouvait être comprise des assiégés. Ne voyant là qu'un piège tendu pour s'emparer d'eux et les massacrer sans danger, ils répondirent par cette phrase classique :
« Nous sommes décidés à nous défendre jusqu'à
« la dernière goutte de notre sang et si les pachas
« veulent nos armes, qu'il viennent les chercher[1] ».

. . . .

Les Grecs possédaient encore l'îlot de Klissova, situé au sud-est de Missolonghi, dont un mille à peine le sépare. Ce poste était défendu par cent cinquante hommes sous les ordres de Kitzo Zavellas. Avantageusement placés, ils étaient en outre protégés contre l'artillerie par un mur de terre; une chapelle solidement construite leur servait à la fois de dépôt et de forteresse [2].

Le 6 avril au matin, les Albanais de Reschid

---

1. 2 avril 1826.
2. Tous ces détails sont empruntés à Finlay.

reçurent l'ordre de les déloger ; ce fut là une inspiration malheureuse, car, à ce moment, les eaux étaient déjà si basses que, les bateaux plats ne pouvant aborder l'îlot, les assaillants durent sauter dans un banc de vase où ils enfoncèrent jusqu'au-dessus du genou. Presque immobilisés, ils essuyèrent, sans pouvoir riposter, une grêle de balles qui toutes portèrent. Voyant ses soldats repoussés, Reschid se mit sans hésiter à leur tête et dirigea une seconde attaque dont le résultat fut également désastreux. Ibrahim, alors convaincu que rien ne pouvait résister à l'élan des siens, fit marcher quelques centaines de « réguliers » qui, après trois tentatives d'assaut, durent battre en retraite, ramenant le corps d'Hussein bey Djéritli, le vainqueur de Kaxos, frappé d'une balle au front. La journée appartenait aux Grecs, mais ce fut là leur dernier succès ; les vivres presque épuisés, on n'en distribuait plus qu'aux hommes de service et des malédictions s'élevaient contre les chefs à qui tous reprochaient d'avoir sacrifié l'intérêt commun à leurs rivalités. A côté de cela, le plus grand nombre des assiégés étaient fatigués de ces alternatives d'espérance et de découragement, au point qu'ils virent sans grande émotion une escadre, battant le pavillon de l'Indépendance, apparaître à l'entrée du golfe de Patras. Et cependant Miaoulis arrivait suivi de trente-huit voiles ; mais la perspective de nouveaux combats, dont l'issue ne pouvait plus faire aucun doute, inspirait fatalement cette réflexion : à quoi bon !

L'échec complet de « l'amiral » grec ne tarda pas à justifier le pessimisme d'une population névrosée par plusieurs mois de transes continuelles.

A cette époque, les flottes ottomanes ne ressemblaient en rien à celle que commandait Kara-Ali cinq ans auparavant. Construits sur de nouveaux modèles, armés d'une excellente artillerie et montés par des équipages aguerris auxquels les brûlots ne causaient plus aucune appréhension, les navires que Khosrew avait rassemblés au commencement d'avril devant Missolonghi, opposaient au corsaire hydriote une barrière infranchissable. Aussi l'action qu'il engagea le 10 du même mois était-elle perdue d'avance et, sans une saute de vent favorable, pas un seul de ses bricks n'eût échappé à la destruction [1].

---

[1]. Voici comment un officier turc a résumé ce combat : « Nous poursuivîmes les Grecs, et dans la nuit même, nous nous trouvâmes au milieu de leur flotte. Avec nos boulets nous la dispersâmes. » Le 12, ils revinrent avec trente et un bâtiments. Notre petite flottille donna la première. Quelque

Le vieux combattant, s'avouant alors difinitivement vaincu, regagna son île la mort dans l'âme et prit, dit-on, le deuil pour ne plus le quitter. Il renonçait à défendre cette cause à laquelle il avait tout sacrifié, la « Révolution », qu'il rêvait si glorieuse jadis et qui, par la faute de quelques meneurs, s'effondrait dans la boue et dans le sang.

*
* *

Lorsque les voiles de Miaoulis disparurent au loin, les entrepôts de Missolonghi ne renfermaient plus que pour trois jours de rations. La faim était là, inévitable, et ses premières atteintes inspirèrent aux habitants une détermination qui ne pouvait naître que dans des esprits troublés. Il fut résolu en assemblée générale que toute la garnison, suivie de la population valide, tenterait

« temps après nous arrivâmes avec les frégates. Après un
« combat acharné de sept heures, nous leur prîmes deux
« brûlots; un autre se consuma sans nous atteindre. Si le vent
« n'était point tombé, les Grecs étaient tous perdus. Le lende-
« main nous n'avons pu en compter que vingt-deux qui fai-
« saient voile pour Calamos. Depuis, ils n'ont plus reparu.

de s'ouvrir un passage à travers les lignes ottomanes[1]. Dans quelle direction marcher en cas de succès, comment se nourrir au milieu d'une campagne désolée, personne n'y songea un instant; chacun s'enthousiasmait à l'idée d'une sortie irrésistible et ne voyait pas au delà.

Le 22 avril, au coucher du soleil, des coups de fusil se firent entendre à distance; c'était le signal convenu entre les Missolonghiotes et Karaïskaki, dont quinze cents Armatoles devaient attaquer l'arrière-garde turque pendant qu'eux-mêmes se jetteraient sur le camp d'Ibrahim. A la nuit close, les soldats grecs et les Souliotes, divisés en trois colonnes, franchirent rapidement le fossé, sur lequel des ponts, formés de quelques planches, avaient été jetés à la hâte. Une cohue bourdonnante se précipitait sur leurs pas et des plaintes sourdes, des appels étouffés des blasphèmes, troublaient le silence que tous avaient cependant juré d'observer. Cette rumeur ne pouvait manquer de donner l'éveil et le feu de plusieurs pièces turques, dirigé au hasard dans l'ombre, détermina une panique indescriptible.

---

1. Un traître grec, d'après quelques auteurs, aurait averti Ibrahîm de cette tentative insensée, mais l'accusation ne semble pas bien établie.

La foule toute entière reflua brusquement vers la brèche de sortie ; les femmes et les enfants renversés, piétinés ou à demi étouffés contre le mur en terre, les hommes [1] ne reconnaissant plus la voix des leurs et revenant affolés se barricader chez eux.

Le lendemain, à l'aube, plusieurs centaines d'Arabes qui, dès minuit, avaient occupé sans coup férir la ligne de remparts, se précipitèrent dans les ruelles de Missolonghi, persuadés que toutes les maisons allaient s'ouvrir aux premières sommations et qu'ils pourraient enfin s'abriter de la bise glacée dont ils souffraient si cruellement sous leurs tentes mal closes. L'illusion ne fut pas longue ; des coups de feu partant de plusieurs fenêtres, un arrêt se produisit chez les assaillants stupéfaits d'une résistance vraiment insensée.

Si peu que dura cette hésitation, elle permit

---

1. Je ne parle ici que des « non combattants » car, grâce à l'obscurité, une grande partie de la garnison put gagner la montagne et, chose vraiment curieuse, tous les meneurs sortirent indemnes de l'action. « Je puis vous assurer, — écrivait « ironiquement l'amiral de Rigny (mai 1826) — que s'il y a eu « des chefs tués — et par chefs j'entends ceux qui s'intitulent « officiers généraux, c'est-à-dire qui commandent à une cen- « taine d'hommes, — ce ne sont ni Botzaris, ni Zavellas, ni « Drako, ni Lambro Vecchio, car ils sont tous venus déjeuner « avec moi avant-hier. »

aux tireurs de recharger leurs armes, et une vingtaine d'hommes tombèrent mortellement atteints. Le bruit de la fusillade, suivie d'une clameur entendue jusqu'à l'extrémité du camp turc, fit comprendre aux pachas qu'ils ne pouvaient plus rien pour sauver les Missolonghiotes. Déjà, en effet, transportés de fureur, les Egyptiens enfonçaient les portes, escaladaient les murs et, croyant venger leurs camarades qui râlaient sur le pavé, ils commençaient à tuer au cri « bi-ism-illah [1] ». Par la faute de quelques forcenés, plusieurs milliers de Grecs allaient mourir.

Que dire ici qui n'ait été cent fois raconté ; c'est, dans son inévitable horreur, la mise à sac de toute place forte longtemps défendue ; les maisons emportées une à une comme autant de bastions ; des combats de chambre en chambre, au fond des caves, sur les terrasses, luttes sans merci, où le plus lâche même ne songe pas à demander grâce ! Oui, des scènes terribles se passèrent dans cette journée du 23 avril 1826, mais rien ne justifie le « cri d'indignation [2] » que

---

1. Au nom de Dieu.
2. Cris d'indignation, d'horreur, de désespoir, cris de triomphe, cris d'enthousiasme, ces mots reviennent si fréquemment sous la plume de nos philhellènes, qu'on est tenté

soi-disant poussa « l'Europe entière [1] » en apprenant la chute de Missolonghi. Le soir même, l'ordre était rétabli et les violences de la première heure ne furent suivies d'aucune de ces atrocités perpétrées de sang-froid, qui ont déshonoré la cause grecque.

---

de croire qu'à leur époque tous les sentiments s'exprimaient par des cris.

1. « L'Europe entière » cela va de pair avec « le monde civilisé », et le monde civilisé ne peut regarder sans horreur la « vieille barbarie asiatique ».

CHAPITRE XV

NAVARIN

Il n'est pas nécessaire de disserter longuement pour montrer ce que fut en réalité le combat de Navarin. Les épithètes violentes, les phrases indignées n'ont aucune raison d'être à ce sujet. Lorsque les faits parlent d'eux-mêmes avec une telle clarté, ils sont suffisamment qualifiés dans la pensée de ceux qui en ont lu un compte rendu précis. Ce compte rendu, c'est à l'amiral de Rigny que je l'emprunterai, mais voyons d'abord succinctement quelles « mesures » amenèrent la plus grande bataille navale du siècle, bataille si peu glorieuse pour les vainqueurs.

Missolonghi tombée, puis Athènes, la Révolution agonisait sous la main de fer d'Ibrahim, auquel il ne restait plus guère qu'à débarrasser l'Archipel des forbans d'Hydra et de Spezzia. Les pirateries de ceux-ci ne s'exerçaient d'ailleurs qu'au détriment des « neutres », la marine de commerce ottomane se composant seulement de petits caboteurs qui ne franchissaient presque jamais les Dardanelles. C'était donc un service inappréciable qu'allait rendre Ibrahim au trafic européen, en purgeant les eaux grecques des soi-disant « belligérants »[1] qui l'infestaient depuis des années. Cela, nul n'aurait dû le contester, mais cette idée que des « fidèles » allaient succomber « aux vengeances du musulman » troublait encore l'esprit le plus lucide et celui-là même qui ne trouvait aucun

---

1. Voici, une fois de plus, comment l'amiral de Rigny jugeait ces guerriers. « Le mouvement commercial de Marseille et Candie pour le transport des huiles employait dernièrement près de vingt-cinq navires. Ils attiraient surtout les croiseurs grecs parce qu'on sait en général que ces bâtiments portaient en Candie le numéraire destiné à payer leur cargaison; aussi les équipages étaient-il mis à la torture pour déclarer l'argent qui pouvait être caché. Les horreurs commises sur ces équipages dépassent tout ce qu'on peut imaginer. Pour justifier de pareils brigandages, les Grecs ont bien senti qu'il fallait les mettre à couvert sous les formules parodiées des droits des belligérants; c'est ainsi que l'île de Graboura, d'un mille de circuit, qui touche à une des extrémités de Candie, et qui est le repaire où sont établis cinq ou six cents bandits, vient de déclarer toute l'île de Candie en blocus et de signifier aux marchands européens qu'entrant ou sortant des ports de Candie, ils seront capturés ». A bord de la *Syrène*, à Smyrne, 10 janvier 1827.

terme assez méprisant à l'adresse des insulaires, n'admettait pas que la justice ottomane pût suivre son cours sans l'intervention des puissances chrétiennes.

« Si la flotte égyptienne se présentait aujour-
« d'hui devant Hydra, écrivait l'amiral de Rigny
« au ministre de la marine, il n'y aurait pas de
« résistance; tout tomberait à la fois. Les affaires
« intérieures des Grecs empirent chaque jour, les
« chefs se disputent, se vendent même la cita-
« delle de Nauplie. Cette forteresse est en ce
« moment à un certain Grivas, à qui Colocotroni
« a failli l'enlever par ruse. Le gouvernement
« provisoire veut s'y installer pour attendre Capo
« d'Istria; malheureusement il n'a aucune force,
« ni pour s'en emparer, ni pour s'y maintenir. Le
« général Church tente en vain d'organiser à
« Égine un corps d'un millier d'hommes. *Il faut
« se hâter si l'on veut arriver à temps comme
« médiateurs* ». La lettre où se trouvait cette phrase significative croisait quelques jours plus tard un pli ministériel renfermant entre autres les instructions suivantes : « Je vous ai annoncé, le
« 17 de ce mois[1], y était-il dit par le comte de

---

1. Écrit le 26 juillet 1827. Archives.

« Chabrol au chef de notre station, que l'escadre
« dont le commandement vous est confié allait
« être portée à quatre vaisseaux et quatre frégates,
« indépendamment des bâtiments de moindre
« force, actuellement sous vos ordres, Je vous ai
« fait savoir en même temps que cet armement
« extraordinaire avait pour but d'exécuter les
« mesures concertées entre la France, l'Angle-
« terre et la Russie, afin de faire cesser l'effusion
« de sang dans le Levant. Vous trouverez ci-joint
« des instructions rédigées sur des bases conve-
« nues et qui sont communes avec les comman-
« dants des escadres russe et anglaise. Ces
« instructions tracent avec une suffisante préci-
« sion la marche que vous avez à suivre, en vous
« laissant toutefois la plus grande latitude pour
« tous les cas où il faudrait prendre une résolu-
« tion prompte dans des circonstances qu'il serait
« impossible de prévoir de loin et longtemps à
« l'avance ».

Les mesures auxquelles fait allusion M. de Chabrol, mesures concertées, d'après lui, « pour faire cesser l'effusion du sang » n'avaient d'autre but, il serait absurde d'en douter, que l'affaiblissement de la Turquie, de l'empire qui méritait encore le nom de « colosse ottoman » et qu'un

diplomate britannique allait bientôt appeler
« l'homme malade ».

Jamais, d'ailleurs, situation politique ne fut plus
nettement déterminée ; les trois puissances adressaient de concert à Ibrahim une mise en demeure
formelle de cesser toute opération contre les Grecs
et de regagner Alexandrie avec son escadre,
tandis que les navires ottomans feraient voile
vers Constantinople ! Devant les amiraux qui lui
notifièrent cette sommation, le calme d'Ibrahim
ne se démentit pas. « Après avoir écouté, dit
« M. de Rigny, avec autant d'attention que de
« sang-froid nos déclarations, le pacha répondit
« que, serviteur de la Porte, il avait reçu des
« ordres de pousser la guerre en Morée et de la
« finir par une attaque décisive sur Hydra ; qu'il
« n'avait aucune qualité pour entendre les com-
« munications que nous lui faisions ni pour
« prendre un parti de son propre chef. Que, ce-
« pendant, la Porte n'ayant pas prévu le cas
« extraordinaire qui se présentait, il allait expé-
« dier des courriers à Constantinople et en Égypte
« et que, jusqu'à leur retour, il donnait sa parole
« que la flotte ne quitterait pas Navarin, quelque
« dur qu'il fût pour lui d'être arrêté au moment
« où tout était fini puisque la force de son expé-

« dition, telle que nous la voyions, était évidem-
« ment irrésistible pour les Grecs ».

Cette modération de la part d'un homme que le succès aurait pu griser fut interprétée injustement par les chefs de l'hétéroclite « pseudo-croisade » machinée entre catholiques, orthodoxes et anglicans. Ils ne virent dans cet envoi de courriers, envoi si motivé cependant, qu'un moyen de « gagner du temps »; mais, craignant de dépasser trop tôt la mesure en repoussant une demande contre laquelle toute objection eût été profondément blessante pour le prince égyptien, ils se déclarèrent prêts à patienter.

L'armistice conclu, Ibrahim jugeait que les amiraux lui imposant une « suppression d'armes immédiate »[1], avaient le devoir d'empêcher ses ennemis de mettre à profit son immobilité forcée pour se rassembler et ouvrir une nouvelle campagne; il s'illusionnait! Tandis que les escadres de Sa Majesté Très Chrétienne et de Sa Majesté Britannique louvoyaient entre Zante et la côte de Morée, attendant les navires du Tzar, lord Cochrane attaquait le fort de Vasiladi, puis les capitaines Thomas et Hastings, celui-ci comman-

---

1. *Station du Levant.*

dant une corvette à vapeur, détruisaient une petite division turque mouillée dans la baie de Salone. Ibrahim indigné protesta; la duplicité des amiraux était trop flagrante; ils le gardaient pour ainsi dire à vue sous la menace de leurs canons et sanctionnaient tacitement les manœuvres d'aventuriers, contre lesquels ces « défenseurs de la foi » lui avaient fait promettre de ne pas agir.

« Au moment où mes lettres sont fermées,
« écrivait, le 21 septembre au matin, M. de Rigny,
« il arrive un incident qui j'espère n'aura pas de
« suite. Ibrahim apprend que Cochrane vient
« d'entrer dans le golfe de Patras; il prétend
« qu'on viole la suspension d'armes et veut aussi
« rompre la sienne; mais il n'osera pas sortir
« avec la flotte; il peut envoyer ses troupes par
« terre, voilà tout; car cela nous ne pouvons
« l'empêcher. Nous verrons quelles suites cela
« aura. »

Malheureusement pour lui, l'héroïque égyptien n'agit pas comme s'y attendait l'amiral. Fort de son droit, il quitta Navarin à la tête de quelques vaisseaux pour se porter au secours de Patras menacée. Il ne faisait d'ailleurs que remplir un devoir impérieux; pouvait-il laisser succomber plus d'un millier des siens sans tenter de leur venir en aide? Quel homme vraiment digne d'être chef d'armée ne se fût pas conduit comme Ibrahim en pareille circonstance? Ce n'eût été certes ni sir Edward Codrington, ni son allié français, et cependant le premier se permit alors de qualifier un loyal adversaire de « traître », de « parjure », tandis que M. de Rigny feignait de voir dans cet acte un prétexte suffisant à provoquer l'anéantissement de la flotte musulmane !

On excuserait peut-être de semblables appréciations, si la sortie des Égyptiens avait amené une rencontre sérieuse qui eût coupé court à tout pourparler; mais il n'en fut rien, et l'extrait suivant d'un rapport de M. de Rigny montre avec une clarté saisissante combien était dès lors arrêté dans son esprit le massacre, dont l'image devait le hanter jusqu'à sa dernière heure.

« L'amiral anglais qui se trouvait à Zante, écri-
« vait-il le 14 octobre, ayant su qu'une division
« était sortie de Navarin se dirigeant vers Patras,
« la joignit près du cap Papa ! Le vent contraire
« ayant forcé cette division de mouiller avant
« d'avoir pu entrer dans le golfe de Lépante,
« l'amiral Codrington lui fit signifier qu'elle ne
« rentrerait pas à Patras et ayant appuyé la
« signification de quelques coups de canon aux

« bâtiments les plus avancés, cette escadre appa-
« reilla et, suivant la signification qui lui avait
« été faite, elle est actuellement rentrée à Nava-
« rin. Tel est le résultat du « manque de parole »
« d'Ibrahim, il s'est mis lui-même dans la situa-
« tion d'*agresseur*! » — Ainsi Ibrahim reçoit des
coups de canons sans riposter, obéit de suite aux
injonctions anglaises et, malgré tout, le voilà
agresseur. — « Ce soir ou demain, continue
« M. de Rigny, nous réunissons les escadres
« devant Navarin ; les deux vaisseaux anglais
« qui sont allés se ravitailler à Malte auront sans
« doute rallié. Je pense que le *Scipion* m'aura
« rejoint aussi et nous concerterons les mesures
« qui nous paraîtront les plus efficaces *pour en*
« *finir avec les flottes turques avant l'hiver. Mon*
« *opinion serait de faire entrer nos escadres dans*
« *Navarin et là, mèche allumée, de signifier aux*
« *flottes de se disloquer, sinon, de les attaquer*
« *immédiatement....* » Un pareil document se
passe de commentaires et je ne pense pas qu'après
l'avoir lu quelqu'un puisse conserver l'idée que
les Ottomans ont eu « les premiers torts » à
Navarin ; ces lignes indiquent trop bien, chez
l'amiral, la ferme résolution de détruire les forces
de celui qu'il regardait, en dépit de toute justice,

comme un demi-barbare, hors la loi par sa religion [1]!

Voici maintenant ce que fut cette trop fameuse bataille; ainsi que je l'ai dit au commencement de ce chapitre, c'est **M.** de Rigny qui nous l'apprendra :

« Navarin, 22 octobre 1827.

« **Monseigneur** [2],

« J'ai l'honneur d'adresser à Votre Excellence
« un récit sommaire des événements qui ont eu
« lieu depuis ma lettre du 14 octobre. Je quittai
« Zante le 14 et ralliai les escadres russe et
« anglaise le lendemain devant Navarin. Dans
« mes premières communications avec les ami-
« raux, trois partis à prendre furent mis en dis-
« cussion :

« 1°. Celui de continuer les chances indéfinies
« et indécises d'un blocus au dehors qui, n'abou-
« tissant à rien, pouvait, à la suite d'un coup de

---

1. Il est de toute évidence qu'il ne lui vint pas un instant la pensée que les flottes ottomanes obéiraient à l'injonction de se « disloquer »; le seul fait de pénétrer dans la baie de Navarin rendait le choc inévitable.
2. Adressé au ministre de la marine.

« de vent, nous exposer à voir les flottes regagner
« Alexandrie avant d'avoir rempli leur but [1].

« 2°. Celui d'entrer à Navarin comme elles, d'y
« mouiller et de les y garder.

« 3°. Celui d'entrer encore à Navarin et de
« signifier aux chefs de ces flottes [2] de quitter de
« suite la Morée et de retourner, les uns à Cons-
« tantinople, les autres à Alexandrie. Ce dernier
« parti, que je croyais le plus décisif, fut adopté
« par les amiraux. Le mode d'exécution en fut
« arrêté, et dès lors, aux termes des instructions,
« le plus ancien des amiraux devant prendre le
« commandement supérieur, le vice-amiral Cod-
« rington rédigea l'instruction ci-jointe [3]. »

1. On remarquera l'ambiguité de cette phrase.
2. Après quelques hésitations causées par l'attitude ferme d'Ibrahim, les amiraux revenaient donc à la mise en demeure dont j'ai parlé plus haut.
3.   A bord de l'*Asie* devant Navarin, 10 octobre 1827.
« Il paraît que les vaisseaux égyptiens sur lesquels se trou-vent des officiers français sont pour la plupart au sud-est dans le golfe. En conséquence, je désirerais que Son Excellence le contre-amiral chevalier de Rigny plaçât son escadre à côté d'eux. Comme le navire ennemi qui vient immédiatement après est un vaisseau de ligne portant pavillon, je propose de placer près de lui l'*Asia* avec le *Génoa* et l'*Albion* immédiatement à sa suite. Je désirerais que Son Excellence le contre-amiral comte Heyden eût l'amabilité de disposer son escadre immédiatement après les vaisseaux de ligne britanniques. En ce cas les frégates russes peuvent s'occuper des vaisseaux turcs rangés à la suite des vaisseaux de ligne russes. Quant aux frégates anglaises, elles se mettront côte à

« Le 20, à midi, le vent se trouvant favorable,
« les signaux de préparatifs furent faits; chacun
« prit son poste. Le vaisseau-amiral anglais
« l'*Asia* en tête, suivi de l'*Albion* et du *Génoa*;
« la frégate la *Sirène*, portant mon pavillon; le
« *Scipion*; le *Trident* et le *Breslau*, puis l'amiral
« russe comte de Heyden, suivi de ses trois vais-
« seaux et de quatre frégates. Les Turcs avaient
« formé une ligne d'embossage en fer à cheval,
« sur le contour de la baie, en triple ligne for-
« mant un total de trois vaisseaux, un vaisseau
« rasé, cinq frégates de soixante canons, onze
« autres frégates, vingt-sept corvettes et autant de
« bricks; sans compter les transports dans les-

côte avec tous les vaisseaux turcs qui peuvent se trouver du côté occidental dans le port, à côté des vaisseaux de ligne britanniques. Les frégates françaises se posteront de la même manière par rapport aux frégates turques faisant suite aux vaisseaux de ligne français.

Si les vaisseaux en ont le temps, ils doivent s'amarrer avant que la flotte turque ne commence les hostilités.

La flotte combinée ne *doit pas tirer un seul coup de canon sans un signal particulier*, à moins que quelque vaisseau turc n'ait pris l'initiative. En ce cas, le navire ottoman sera passible d'une destruction immédiate. Les corvettes et les bricks sous la direction du commandant du « Darmouth », le capitaine Fellow, ont pour tâche de tenir les brûlots à une distance où ils ne puissent nuire. Dans le cas d'une bataille et de la confusion qu'elle entraîne, se rappeler le mot de Nelson : « Le capitaine ne se trompe pas qui place son vaisseau côte à côte avec celui de l'ennemi ».

Le Vice-amiral : Edward Codrington.

« quels figuraient deux bâtiments autrichiens. La
« force principale se trouvait réunie vers la droite
« en entrant et se composait de quatre grandes
« frégates, deux vaisseaux de ligne, une grande
« frégate, un vaisseau, puis des frégates de divers
« rangs achevant le contour et renforcés en deu-
« xième ligne par des corvettes et des bricks. Six
« brûlots étaient placés à droite et à gauche aux
« extrémités du fer à cheval pour être à même de
« *venir* se jeter sur les escadres alliées si un enga-
« gement avait lieu. La frégate anglaise le *Dar-*
« *mouth*, capitaine Fellow, avait été envoyée deux
« jours auparavant à Navarin pour porter à
« Ibrahim une lettre signée des trois amiraux qui
« nous fut retournée sans réponse *sous prétexte* [1]
« qu'Ibrahim était absent.

« Le capitaine Fellow avait relevé un croquis
« de la position des Turcs, dont les préparatifs
« annonçaient suffisamment « que toute voix per-
« suasive était désormais épuisée [2] ». C'est en

---

1. Voici ce qu'écrivait Codrington à ce sujet le 18 octobre :
« On nous a rapporté non décachetée notre lettre à Ibrahim. Son menteur de drogman nous a dit que personne ne savait ce qu'il était devenu, mais je suis sûr que demain il se retrouvera si le vent nous permet de jeter l'ancre bord à bord avec ses vaisseaux. »

2. On se demande comment cette voie persuasive pouvait être épuisée, n'ayant jamais été employée.

« conséquence de ces renseignements que le plan
« de la position à occuper fut très habilement
« combiné par l'amiral Codrington. A deux
« heures, le vaisseau de tête l'*Asia* donnait dans
« le port et avait dépassé les batteries; à deux
« heures et demie il mouillait par le travers du
« vaisseau amiral turc et il était suivi par les
« deux autres vaisseaux anglais; la *Sirène* sui-
« vait, et à deux heures vingt-cinq le capitaine
« Robert la mouillait à portée de pistolet de la
« première frégate turque. En ce moment (et il
« est nécessaire de bien préciser les circonstances)
« un canot de la frégate anglaise le *Darmouth*,
« accostait un des brûlots près desquels elle avait
« mouillé quelques minutes avant lorsqu'un coup
« de fusil, parti de ce brûlot, tua un des Anglais
« qui commandait le canot. La *Sirène* était si près
« du brûlot qu'elle aurait pu le couler s'il n'y
« avait pas eu de danger pour le canot anglais; le
« *Darmouth* fit entamer une fusillade sur le
« brûlot pour dégager ses embarcations. Presque
« à la même minute que cela se passait, la *Sirène*,
« étant vergue à vergue de la frégate égyptienne
« à deux batteries l'*Esmina*, je lui hélai en fran-
« çais, au porte-voix, que si elle ne tirait pas, je
« ne tirerais pas sur elle; au même instant, deux

« coups de canon partirent d'un des bâtiments qui
« étaient dans ma poupe et en seconde ligne; un
« me parut dirigé sur le *Darmouth*, qui fusillait le
« brûlot, l'autre frappa à bord et tua un homme.
« Je fis aussitôt pointer et tirer sur ce bâtiment;
« ce fut alors que la frégate ouvrit son feu sur
« nous.

« J'ai cherché à bien caractériser les premières
« circonstances qui ont probablement décidé de
« la destruction de la flotte turque « puisque ce
« sont les bâtiments turcs qui ont tiré les pre-
« miers ».

« L'engagement devint bientôt général; les
« vaisseaux russes eurent à essuyer le feu des
« forts qui ne commencèrent à tirer, à ce qu'il
« m'a paru, qu'au cinquième bâtiment qui était le
« *Trident*. A cinq heures du soir, la première
« ligne des Turcs était détruite; les vaisseaux et
« frégates, rasés, incendiés, coulés; le reste s'en
« allait à la côte, où ils se brûlaient eux-mêmes
« encore hier au soir. De cet armement formi-
« dable, il reste aujourd'hui à flot une vingtaine
« de corvettes et de bricks, encore sont-ils aban-
« donnés.

« Il n'est pas d'exemple d'une destruction aussi
« complète; ainsi a été accomplie la menace que

« nous avions faite à Ibrahim, que si un coup de
« canon était tiré sur nos pavillons, il y allait du
« sort de la flotte entière [1]. « Ibrahim n'était pas
« présent depuis quinze jours ; il dévaste la
« Morée, arrache et déracine les vignes, les
« figuiers, etc. Dans cet engagement, jusqu'à un
« certain point *imprévu* pour nous, il y a eu
« naturellement des bâtiments qui, par leur

---

1. Voici ce qu'écrit encore l'amiral de Rigny dans une autre lettre datée du même jour :
« L'épouvantable spectacle que nous avons eu quelques heures sous les yeux ne peut trouver de comparaison, il faut se représenter cent cinquante bâtiments de guerre de tous rangs faisant feu dans un bassin resserré, sur une triple ligne, les incendies et les explosions qui en ont été la suite et tous les malheureux blessés sautant en l'air avec leurs vaisseaux ».
Rien enfin ne montre mieux l'acharnement inexplicable des assaillants, que ce fragment de rapport du commandant de l'« Alcyone », M. Turpin :
« Lors de notre entrée à Navarin, nous eûmes l'ordre de nous emparer de l'un des brûlots qui se trouvaient à l'entrée de la rade. Nous nous embossâmes bord à bord de ce dernier et notre feu de mousqueterie commença, plus une volée de mitraille qui nous en rendit bientôt maîtres. J'avais donné l'ordre à mon second, M. Dubourieu, de s'embarquer dans les canots pour s'en emparer lorsque nous fûmes abordés par le « Breslau » qui nous entraîna avec lui par le travers de deux frégates turques, dont la plus près de nous portait le pavillon amiral. Nos embarcations furent bientôt mises par le fond et il nous fut impossible de diriger notre brûlot comme je l'avais ordonné. Nous trouvant donc embossés à une encâblure au plus de la « guerrière », je donnai l'ordre de diriger le feu sur cette frégate et, en deux heures, nous tirâmes près de quatre cents coups de caronade.

« position, ont plus souffert les uns que les
« autres, etc., etc. »

Le reste ne concerne que l'état des flottes alliées.

Je n'ai pas craint de reproduire presque *in extenso* cette longue pièce. On y sent l'effort douloureux d'un homme auquel sa conscience reproche le rôle qu'il vient de jouer dans un événement terrible dont il est en grande partie responsable. C'est l'amiral de Rigny en somme qui a conseillé « le parti le plus décisif », suivant sa propre expression. Il savait Ibrahim loin de son bord et ne feint pas de l'avoir ignoré comme Codrington. Il n'a donc pas eu un seul instant l'idée que la flotte ennemie attendît le combat. Embossés d'ailleurs comme ils l'étaient, les capitaines turco-égyptiens n'eussent-ils pas commis une insigne folie en engageant la moindre affaire. Chose impossible encore, M. de Rigny, l'officier de marine intransigeant sur le point d'honneur, pouvait-il admettre que des vaisseaux de guerre se laissassent approcher vergue à vergue sans que l'arrivant ne fut considéré comme ayant mis le feu aux poudres, même essuyant les premiers coups.

Enfin, et ceci implique quel jugement, la balle partie du brûlot qu'allait amariner sans motif l'officier du *Darmouth*, n'était-ce pas le « signal » dont parle l'amiral anglais dans sa proclamation?

CHAPITRE XVI

APRÈS NAVARIN
PROTESTATIONS D'IBRAHIM

Lorsque les vaisseaux turcs ne présentèrent plus qu'un enchevêtrement immense d'agrès maculés de sang, les équipages des flottes alliées durent contempler leur œuvre avec la stupeur d'alcooliques qui, ayant cherché une rixe et frappé de suite avec rage, s'arrêtent soudain à moitié dégrisés à la vue de ce qu'ils ont fait et se taisent, tremblants de tous leurs membres, un reste de folie dans les yeux. Du côté des assaillants, deux à trois cents blessés [1], chez les Turcs, six mille morts dont les membres broyés flottaient sur une mare rougeâtre de plusieurs lieues ; tel

---

1. Pertes : esc. fr. 43 ; — angl. 73 ; — russe 77.

était le bilan de la glorieuse journée de Navarin, de la bataille que l'Empereur d'Autriche n'hésita pas à qualifier hautement d'assassinat. Le prince Esterhazy la mit en balance avec le partage de la Pologne. L'Angleterre, devant l'indignation du parti libéral, se hâta de désavouer Codrington qui, d'un autre côté, recevait les éloges de la Russie dont le gouvernement n'osait pas féliciter ses propres officiers [1].

En France, où toujours il faut qu'on s'enthousiasme ou qu'on s'indigne à tort et à travers, il y eut une explosion de bravos à l'annonce de la « *Grande Victoire* », mais le silence se fit avec une singulière rapidité. Le public comprit-il que c'était là un de ces faits d'armes sur lesquels il est bon de ne pas insister, ou simplement la cause grecque commençait-elle à passer de mode ? Je l'ignore, mais ce qu'on peut établir, c'est qu'aucun de ceux qui prirent part au combat ne cherchèrent à le présenter autrement que comme un carnage

---

[1]. Une fois de plus les diplomates de Saint-Pétersbourg laissaient deviner le caractère foncièrement hypocrite de leur race. Le comte de Nesselrode, dans une lettre officielle, fait savoir au nom du Tzar à l'amiral anglais qu'en *acceptant* le combat, il a servi la cause commune avec un succès qui ne fait pas moins d'honneur à ses talents et à sa bravoure qu'il n'assure d'avantages aux alliés dans leurs négociations avec la Porte.

hideux. L'amiral de Rigny, frappé du spectacle que présentait la flotte détruite et cette multitude de cadavres glissant le long de ses vaisseaux, emportés par le courant, en contracta une maladie nerveuse qui assombrit le reste de sa vie. Quant à Codringtron, il prit ou sembla prendre assez philosophiquement son parti de la désapprobation générale. En me sacrifiant, dit-il, les ministres espéraient garder leur place! Nelson n'eût pas mieux répondu si, le lendemain du bombardement de Copenhague, en pleine paix, l'Amirauté lui avait retiré son commandement.

En Orient, la nouvelle du désastre fut accueillie d'abord avec incrédulité. On ne pouvait admettre que des gens, envoyés en pacificateurs par des peuples qui prétendent marcher à la tête du genre humain, eussent agi sans raison avec une telle barbarie. Les puissances européennes de leur côté se rendirent si vivement compte de la faute commise que, dans les cercles politiques, on regarda comme inévitable par esprit de représailles, un massacre de chrétiens sur toute l'étendue de l'empire ottoman. En dépit des pronostics pessimistes, on rencontra, suivant l'expression de l'amiral Jurien de la Gravière, « la modération la plus inespérée aussi bien dans la multitude que parmi les autorités ». Il ne faudrait pas croire d'ailleurs que cette « modération » des Turcs et des Egyptiens fût interprétée favorablement et qu'on les admirât d'avoir fait preuve d'une sagesse que nulle population européenne n'eût montrée en pareille circonstance. On ne s'arrêta pas un instant à l'idée que chez eux la conduite des alliés, au lieu de cette fureur qu'on redoutait, n'avait produit qu'un sentiment de profonde pitié pour les victimes et d'inexprimable mépris pour les agresseurs. On affecta de ne voir là qu'un exemple de l'inertie orientale « de l'aveugle fatalisme musulman », suivant une locution chère aux écrivains catholiques, pour lesquels ce même calme devant l'irréparable devient « de la résignation sublime » lorsqu'il s'agit de chrétiens vaincus! Mais quelle indignation dut gonfler le cœur d'Ibrahim, que les trois amiraux avaient feint, contre toute vraisemblance, de croire présent à l'action, lorsqu'après cinq jours de marche forcée il se trouva en présence des débris de sa flotte [1], la plus belle qui jusqu'alors eût sillonné la Méditerranée. Peut-être,

---

1. Quand Ibrahim Pacha arriva sur les hauteurs qui dominent Navarin, les navires ennemis avaient pris le large depuis quatre ou cinq heures.

dans ce tempérament si entier la stupeur fut-elle trop violente pour laisser place à tout autre sentiment, mais il est plus probable qu'il maîtrisa, par un effort souverain de volonté, la colère qui bouillonnait en lui. Quoiqu'il en soit, jamais général que la fortune abandonne en pleine victoire[1] n'accepta si noblement la brusque ruine de toutes ses espérances, le renversement brutal de toute son œuvre. Ce caractère vraiment chevaleresque avait été dépeint en peu de lignes quelques années auparavant par le lieutenant de vaisseau Brait : « Le fils du Pacha d'Egypte, écrivait-il,
« accompagné de Soliman Bey, est venu à bord.
« Ils ont été fort aimables et ont pris un vif plaisir
« à voir manœuvrer nos hommes. Cet Ibrahim
« est extrêmement brave. Il n'est jamais plus
« heureux que lorsqu'il peut combattre à la tête
« de ses soldats. On craint même que ce grand
« courage, qui le porte toujours à être le premier
« dans toutes les affaires, ne l'enlève par une
« mort qu'il semble mépriser. Ce goût pour les
« armes, qui le rend furieux dans les combats,

---

1. Codrington eut encore le cynisme d'insulter son ennemi vaincu. La totalité des flottes turque et égyptienne, écrivait-il, ont porté la peine de leur indigne manque de foi. Le parjure Ibrahim avait promis de ne pas opposer de résistance aux flottes alliées. Il a manqué bassement à sa parole.

« n'a point éteint dans son cœur ce noble senti-
« ment qui porte l'homme à soulager celui qui
« est dans l'infortune. Plein de clémence pour les
« Grecs qu'il a fait prisonniers, il les désarme et
« les renvoie aussitôt. Quinze cents ont reçu de
« lui la liberté, après avoir été obligés de céder
« dans une affaire très chaude ; mais malheureu-
« sement ces mêmes Grecs, quelque temps après,
« reprirent, malgré leur parole, les armes contre
« celui auquel ils devaient la vie ».

L'amiral Jurien de la Gravière, en dépit de
l'antipathie que lui inspirait l'Islam et tout ce
qui est musulman, ne peut s'empêcher d'admirer
le fils de Mohammed Ali et d'en faire le portrait
le plus flatteur : « Court et trapu, dit-il, Ibrahim,
« malgré un embonpoint assez prononcé, présen-
« tait cependant tout l'aspect de la force. Soldat
« frugal, il couchait, en campagne, sur la dure et
« se contentait de la ration qu'il faisait distribuer
« à ses troupes. Son impétuosité pouvait égaler
« au besoin son sang-froid. C'est de ce métal
« qu'ont été faits en tout temps les Condés, capi-
« taines d'instinct, qui devinent le métier de la
« guerre et, pour leur coup d'essai, le pratiquent
« avec un incomparable éclat. » Mais ce ne sont
là que des appréciations générales ; le défenseur

le plus sérieux d'Ibrahim est le commandant Pujol, chargé par l'amiral de Rigny de porter au chef égyptien une lettre ouverte qui, d'après les termes mêmes de l'envoyé, tendait à *justifier les alliés dans l'affaire du vingt* et contenait en outre *des termes particuliers d'estime* pour Ibrahim, auquel l'amiral insinuait de préférer l'Égypte à la Morée dévastée. Ceci connu, l'accusation de traîtrise portée par Codrington peut-elle être un instant maintenue? Est-il possible d'admettre que l'amiral de Rigny qui, malgré son esprit de parti et ses préjugés, n'en était pas moins la loyauté même, se fût abaissé à écrire presque des excuses à un homme qu'il ne crût pas digne en tous points de sa sympathie?

« La réponse du Pacha, écrit le commandant
« Pujol[1], est toute de courtoisie, n'ayant pas voulu,
« m'a-t-il dit, discuter, article par article, la lettre
« de l'amiral, parce qu'il aurait eu trop à dire sur
« une affaire qu'il fallait chercher à oublier et qu'il
« ne considérait pas tout à notre avantage du côté
« du droit ».

Le seul des alliés contre lequel Ibrahim laisse éclater son ressentiment, est le chef anglais : « Il

1. A bord de la *Flèche*, en rade de Navarin, 22 décembre 1827. Archives.

« ne peut parler, continue notre officier, sans
« entrer en fureur de la manière dont le traite
« Codrington dans sa proclamation. Moi parjure!
« s'écrie-t-il, lui seul est un vil calomniateur!
« Vingt témoins étaient présents qui peuvent
« attester si j'ai violé les engagements que j'avais
« pris; du reste je prévoyais que l'on cherchait à
« me tendre un piège lorsque j'ai refusé une con-
« férence secrète de nuit proposée par les ami-
« raux ou un dîner à leur bord : d'un côté je
« voulais des témoins; de l'autre le vin faisait
« trop parler et je craignais les ruses diploma-
« tiques ».

Dans un précédent rapport, également daté de
Navarin, le même relatait ceci : « Le 29 octobre,
« Ibrahim m'ayant fait dire qu'il désirait m'entre-
« tenir, je me rendis auprès de lui à 6 heures 1/2
« du soir, accompagné de deux de mes officiers.
« Peu après notre arrivée, les compliments
« d'usage terminés, il ordonna à ses officiers de
« se retirer et son drogman, ainsi que M. Letel-
« lier, capitaine de vaisseau français en retraite,
« au service du Pacha d'Égypte, restant seul
« avec nous, il me tint ce discours par l'inter-
« médiaire du drogman :

« Monsieur, je vais avoir avec vous un entre-

« tien que je vous prie de rapporter aussi fidè-
« lement et exactement que possible à l'amiral de
« Rigny. Je compte pour cela sur votre honneur.
« On me calomnie. Ibrahim a, dit-on, manqué à
« sa parole; voici ce qui s'est passé :
   « Peu de temps avant la malheureuse affaire
« du 20, j'eus une conférence avec les amiraux
« anglais et français; plusieurs officiers étaient
« présents. Il a été convenu verbalement entre
« nous qu'il y aurait armistice entre les Grecs et
« les Turcs jusqu'à la réception de la décision
« de la Porte, eu égard aux propositions des
« puissances. J'ai demandé si je pouvais appro-
« visionner Patras, qui manquait de vivres; on
« m'a répondu qu'il n'y avait aucun empêche-
« ment. J'ai demandé, dans le cas où les Grecs
« attaqueraient mon convoi, si l'on s'y oppose-
« rait; on m'a répondu que non, mais l'amiral
« anglais m'a proposé une escorte ou un sauf-
« conduit, ce que j'ai refusé comme contraire à
« mon honneur. Peu de temps après le départ
« des escadres de la rade de Navarin, j'ai expédié
« un convoi pour Patras, sous l'escorte de quel-
« ques bâtiments de guerre. Ayant été avisé que
« les Grecs étaient de ce côté, devais-je en agir
« autrement et laisser mourir de faim mes frères

« d'armes? Peu après, sur de nouveaux avis que
« Cochrane menaçait Patras avec des forces con-
« sidérables, je suis parti moi-même, accompagné
« d'une douzaine de frégates, pour aller assurer
« l'arrivée de mon convoi. Dans cet intervalle le
« convoi avait été rencontré par les Anglais et,
« à la première sommation, avait rebroussé
« chemin. Trouvant mon convoi à l'entrée du
« canal de Zante, après une conférence avec mes
« principaux officiers, je me décidai à pour-
« suivre ma première résolution d'approvisionner
« Patras, ne pensant pas violer mes engagements,
« mon but n'étant pas d'entreprendre quoi que
« ce soit contre les Grecs qui, d'ailleurs, de ce
« côté, n'ont plus aucune possession. J'étais
« donc dans cette direction lorsque, rencontré de
« nouveau par les Anglais, je me décidai, sur une
« nouvelle sommation, à retourner à Navarin,
« sans effectuer mon projet. J'étais de retour à
« Navarin et avais quitté cette place depuis quel-
« ques jours, lorsque les escadres anglaise,
« française et russe se montrèrent. Une frégate
« et un brick anglais entrèrent sans pavillon et
« après avoir fait quelques bords dans la rade,
« en sortirent sans avoir hissé leurs couleurs,
« conduite que je ne saurais qualifier. Le 20, les

« alliés faisaient route sur Navarin dans un ordre
« qui annonçait des intentions hostiles. Le pacha
« commandant en mon absence envoya une
« embarcation à bord de l'amiral anglais pour
« lui dire que, s'il le désirait, il pouvait entrer
« avec une partie de l'escadre; de plus que si
« les alliés avaient quelques besoins, on y pour-
« voirait, mais que, moi absent, il ne verrait pas
« entrer avec plaisir une armée aussi nombreuse.
« Je vous demande votre opinion, Monsieur le
« capitaine, regardez-vous comme une offense
« une pareille demande? N'est-il pas naturel de
« ne pas désirer l'entrée dans un port de forces
« quatre à cinq fois supérieures et qui inspirent
« de la défiance? L'amiral anglais renvoya l'em-
« barcation en répondant qu'il ne venait pas pour
« recevoir des avis mais pour donner des ordres,
« et continua de gouverner avec son escadre en
« ligne sur Navarin où il entra à deux heures et
« demie de l'après-midi et fut s'embosser à portée
« de pistolet devant l'armée turque. Pendant ce
« temps une de ses frégates s'était détachée et
« avait mouillé par le travers de deux brûlots
« ancrés à l'entrée du port; les Français et les
« Russes suivant de près l'amiral anglais, imi-
« taient sa manœuvre. L'amiral turc ayant

« envoyé une nouvelle embarcation à bord de
« l'amiral anglais, fit demander des explications
« sur ces mesures hostiles; elle fut repoussée
« d'une manière outrageante et dans le même
« moment, une frégate embossée devant les brû-
« lots, ayant envoyé ses embarcations pour s'en
« emparer, il commença une fusillade qui fut
« comme le signal du combat, qui ne finit
« qu'avec la nuit et effectua l'entière destruction
« de notre escadre qui, composée de trois vais-
« seaux de ligne, d'une quinzaine de frégates et
« de quantité d'avisos et n'étant pas préparée au
« combat, avait affaire à onze vaisseaux de ligne
« et nombre de frégates et de corvettes !

« Les amiraux pensent-ils avoir fait une ample
« moisson de gloire en égorgeant ainsi, avec des
« forces aussi supérieures, ceux qui ne pouvaient
« s'attendre à une pareille attaque, qui n'y avaient
« point donné lieu et qui pour ainsi dire n'avaient
« fait aucun préparatif de défense ? Maintenant
« qui a commencé l'attaque et tiré le premier
« coup de canon, c'est ce dont chacun se défend.
« Ce qu'il y a de certain, c'est que la frégate
« anglaise a, la première et sans raison, voulu
« s'emparer des brûlots, et que c'est la juste
« résistance de ce côté qui a occasionné le pre-

« mier feu. Enfin, capitaine, ma conscience ne
« me reprochant rien, j'avoue que j'ignore encore
« le véritable motif d'un pareil attentat. Les
« puissances ont voulu, disent-elles, faire cesser
« l'effusion du sang dans le Levant et voici
« que leurs amiraux viennent d'en rougir la rade
« de Navarin et de la couvrir de cadavres ».

*
* *

Le Pacha, d'ailleurs, n'avait pas attendu cette communication de l'amiral pour se défendre avec énergie contre l'accusation, si brutalement formulée, de Codrington. Deux mois auparavant, alors que les membrures de ses navires couvraient encore la rade de Navarin, il avait fait appeler le commandant Pujol, et le rapport suivant ne peut laisser aucun doute, me semble-t-il, sur la parfaite loyauté du malheureux fils de Mohammed Ali.

« On accuse, dit-on, Ibrahim d'avoir manqué
« à sa parole, mais j'irai à Paris, à Londres, s'il
« le faut, pour faire connaître la vérité, et ceux
« qui ont versé le sang innocent en porteront

« seuls la honte et le blâme. Les bâtiments sont
« faits pour devenir la proie du feu ou de la mer ;
« ce n'est pas eux que je regrette, mais m'accuser
« d'avoir rompu mes engagements, c'est une
« infâme calomnie. Je compte sur votre hon-
« neur, Monsieur le capitaine, pour répéter mot
« pour mot à votre amiral ce que je viens de
« vous dire. Dites-lui aussi que le lendemain du
« combat, l'amiral anglais ayant invité l'amiral
« turc à se rendre à son bord, il lui a dit en par-
« ticulier que je lui avais offert des sommes con-
« sidérables pour l'engager à m'aider à me rendre
« indépendant du Grand-Seigneur ; que j'étais un
« traître et qu'il lui conseillait d'en donner con-
« naissance aux capitaines et aux équipages de
« la flotte turque ! Que dire d'une pareille con-
« duite et d'une telle fausseté ? Et n'a-t-il pas
« poussé encore l'arrogance jusqu'à vouloir
« exiger de l'amiral turc qu'il lui fût livré une
« de mes femmes, grecque de naissance ! Mais
« je ne crains pas plus l'effet de son odieuse
« politique sur la fidélité de mes troupes que je
« ne me soucie d'avoir des sigisbés pour mes
« femmes, car nos mœurs sont loin de res-
« sembler à celles des Italiens. »

. . . .

Il est, je crois, inutile d'insister et de faire ressortir combien ces paroles ont un autre accent de vérité que l'indignation de mauvais aloi d'un Codrington ou les explications embarrassées de l'amiral de Rigny qui, pour calmer sa conscience inquiète, envoie « au traître Ibrahim », un long message ressemblant quelque peu à une demande de pardon.

CHAPITRE XVII

LA PIRATERIE GRECQUE EN 1827

Au moment où les escadres anglaise, française et russe opéraient le mouvement de concentration qui, je le répète, avait pour seul but d'écraser, sans qu'elles pussent opposer de résistance sérieuse, les forces d'Ibrahim, voici ce qu'écrivait l'amiral de Rigny :

« Une tâche plus difficile peut-être que celle
« déjà remplie, dût-elle même être suivie dans
« peu de l'emploi de la force »[1], nous reste :
« c'est d'anéantir, si possible, la piraterie invé-
« térée parmi les Grecs. On n'apprendra peut-
« être pas sans un mouvement de surprise qu'au

---

1. Ce passage n'est-il pas une preuve de plus que les amiraux étaient décidés à saisir le premier prétexte venu pour engager la lutte qu'ils surent terminer du premier coup dans le guet-apens que l'on sait.

« moment où les pouvoirs alliés sont sur le point
« d'en venir aux mains avec les Turcs en faveur
« des Grecs, des navires marchands anglais
« et français sont traînés des côtes de Syrie
« jusqu'à Egine, saisis, pillés, parce que, sous
« prétexte de droit de visite, si malheureuse-
« ment concédé, les corsaires grecs s'inquiétant
« fort peu du sort de leur pays, n'ont d'autre
« objet que de pirater à l'aventure et de rap-
« porter à Hydra les produits de leurs vols, trans-
« formés par les plus étranges erreurs en droit
« de course et de capture ». Le passage suivant
d'une autre communication n'est pas moins signi-
ficatif : « Pendant que les escadres de Sa Ma-
« jesté Très Catholique et de Sa Majesté Britan-
« nique sont occupées à empêcher les flottes et
« les troupes ottomanes de se porter vers Hydra,
« Napoli et tout autre point de la Morée, j'ap-
« prends avec une surprise « toujours crois-
« sante » [1] que les bâtiments grecs, au lieu de
« se porter au secours des territoires menacés,
« se répandent en corsaires jusque dans les

---

[1]. Ce mot « surprise » est si souvent répété par l'amiral de
Rigny, qu'on est en droit de croire qu'il agit d'abord sans
beaucoup réfléchir et ne se rendit compte de la fausse route
suivie qu'au moment où il lui était impossible de revenir sur
ses pas.

« parages éloignés et ne cessent d'y molester et
« d'y piller le commerce des neutres. J'apprends
« qu'indépendamment des bâtiments anglais et
« autres, récemment dépouillés, sept bâtiments
« français ont été abordés et pillés en mer, et
« deux conduits à Egine par-devant le soi-disant
« tribunal des prises ».

Lorsqu'on lit ces rapports, n'est-on pas absolument dérouté en songeant que leur auteur, au lieu de courir sus aux pirates, se soit rué au contraire sur ceux qui venaient mettre fin à un état de choses dont le commerce français souffrait beaucoup plus que celui des Turcs!

Quelque temps après (l'affaire de Navarin terminée), M. de Rigny reçut la nouvelle que les Grecs, profitant de « l'occupation » des flottes alliées, venaient de diriger une expédition sur Chio, malgré la défense expresse qui leur en avait été faite par les amiraux : « Je me serais cru,
« dit-il, en droit d'arrêter cette expédition si je
« l'avais rencontrée, puisqu'enfin le but du traité
« pour parvenir à la pacification est d'imposer un
« armistice de fait que du côté des Turcs nous
« venions d'établir bien incontestablement[1]. Je

---

1. Il est inutile d'appuyer sur la façon d'établir un armistice employé par Codrington, de Rigny et Heyden.

« dirai, quant à la piraterie, que les Grecs ont
« profité du rassemblement des escadres devant
« Navarin pour multiplier, sur tous les points de
« l'archipel et bien au delà, leurs infâmes pirate-
« ries. J'ai tellement épuisé ce sujet, que je ne
« saurais rien en dire de plus, si ce n'est que
« pour la détruire[1], il faut actuellement des gar-
« nisons permanentes sur trois ou quatre points
« de l'archipel et des gibets sur toutes les som-
« mités. Si les bornes d'une lettre[2] permettaient
« d'y insérer toutes les pirateries qui ont été
« commises dans le courant du mois passé, Votre
« Excellence verrait que soixante bâtiments de
« toutes nations ont été dépouillés par les Grecs
« dans cette courte période. »

*
* *

Prendre fait et cause, en dépit de ses propres
observations, pour de semblables individus, ne
peut s'expliquer que par la monomanie religieuse

[1]. Je n'insisterai pas non plus sur le style de l'amiral de Rigny.
[2]. Cette lettre est adressée au Ministre de la Marine. — Archives. 1827.

d'un homme aux yeux de qui « l'infidèle » est au-dessous du bandit. Cette aberration excuse ou tout au moins permet de comprendre la conduite de notre amiral. Ainsi que le jugeait très bien Ibrahim, le plus criminel dans l'incendie de ses vaisseaux était Codrington, marin aussi ambitieux que médiocre et qui profitait d'une occasion inespérée pour se faire, sans péril, la réputation d'un second Nelson. Quant à Haïden, le transfuge hollandais, il n'apparaît dans cette aventure que comme personnage de second plan et si effacé, qu'on est tenté de croire qu'il n'était nullement désireux de partager avec ses deux collègues les lauriers conquis à Navarin.

CHAPITRE XVIII

DERNIÈRES HOSTILITÉS
LE GÉNÉRAL MAISON ET IBRAHIM

Le détail des événements qui suivirent la bataille de Navarin n'offrirait qu'un intérêt secondaire. Seule, la personnalité puissante d'Ibrahim se détache dans l'épilogue du drame. Vaincu, mais non découragé, il ne pouvait se résoudre à perdre, sans combattre encore, le fruit de trois années de luttes, et pendant que quelques navires échappés à la destruction ramenaient à Alexandrie les malades et les blessés, il se multipliait, en dépit du désastre subi, pour établir solidement sa domination sur la Morée. Les provinces grecques, s'il avait réussi, seraient donc redevenues « vilayets » ottomans! Mais les puissances alliées ou pour mieux dire « complices » ne voulurent pas admettre que l'hécatombe du 20 octobre n'ait d'autre résultat qu'une scission, peut-être plus complète qu'au moyen âge, entre le monde musulman et les nations européennes. Cela ne suffisait surtout ni au « petit père » des moujicks, Nicolas Ier, ni à Sa Majesté Très Chrétienne, Charles X; quant au gouvernement anglais, voyant le sultan Mahmoud réduit sur mer à l'impuissance, il affectait de ne plus prendre part que platoniquement à la question d'Orient, tout en surveillant de très près ses bons amis Français et Russes.

Une forte armée de ces derniers, surprenant l'Empire ottoman « au milieu de sa transformation militaire »[1] n'augmenta que fort peu la gloire du drapeau moscovite. Quoique la Turquie alors ne possédât plus de marine, quoique ses troupes fussent désorganisées et malgré l'état précaire de ses finances, elle offrait encore des ressources suffisantes pour permettre à Mahmoud d'opposer une telle résistance aux soldats du tzar que celui-ci dût renoncer à voir se réaliser jamais le rêve de toute sa vie : arriver en maître dans la ville des Khalifes.

---

1. Jurien de la Gravière. T. II, p. 256.

Vers la même époque, une expédition française dirigée contre Ibrahim sous le commandement du marquis Maison ne venait pas ajouter davantage au prestige de nos armes. Parti de Toulon le 16 août à la tête de soixante navires, « le lieutenant-général des armées du roi » débarquait deux semaines plus tard à Pétalidi, dans le golfe de Coron. Ce trop fougueux officier interprétait singulièrement la mission qui lui incombait. Envoyé pour obliger les Arabes à évacuer la Morée, « si possible sans effusion de sang », il appréhendait de les voir s'embarquer aux premières sommations. Ce qu'il voulait, c'était se battre, c'était sabrer comme au beau temps de l'Empire; tout emporter de haute lutte et laisser les moyens de conciliation indignes d'un brave, aux bavards de la diplomatie : « J'agirai vigoureusement contre
« Coron, — écrivait-il à l'amiral de Rigny[1], —
« et immédiatement après contre Modon et Na-
« varin. Si Ibrahim veut nous tâter, sans fanfa-
« ronade, je regarderai cela comme une bonne
« fortune. Ne priez pas trop cet Égyptien de s'en
« aller, je l'aurai bientôt dégoûté d'avoir affaire
« à nous; mais, je le déclare, une fois le sabre

---

1. *Station du Levant*, T. II, p. 265.

« tiré, le sort des armes en décidera seul entre
« lui et moi. Rien n'égale la bonne disposition et
« l'ardeur de nos troupes. La garde royale à
« Paris ne serait pas mieux tenue. Ne pressez
« pas trop, je vous le répète, le présomptueux
« Ibrahim. Il recevra, je vous l'affirme, une rude
« leçon s'il se hasarde à nous combattre. »

A cette lettre de bravache, au bas de laquelle on est surpris de trouver la signature d'un pair de France, l'amiral répondit froidement qu'il comprenait le dépit qu'éprouverait le commandant du corps expéditionnaire en voyant « sa proie [1] » lui échapper. Mais cette proie, ajoutait en substance M. de Rigny, le général la regretterait moins s'il l'avait vue de près.

Que restait-il, en effet, de cette brillante armée égyptienne, privée soudain de toute communication dans un pays désolé, et se voyant menée à

---

[1]. Ce mot blessa profondément le marquis Maison. « Je vous
« assure, — écrivit-il, au reçu du pli si sec de l'amiral, — que
« je ne regrette nullement ce que vous appelez « MA PROIE »,
« seulement je ne voudrais pas que d'aussi misérables gens
« que ces Turcs prissent de grands airs avec moi et parussent
« s'en aller d'ici par leur seule volonté. Si j'en eusse été le
« maître, j'aurais appris à Ibrahim que s'il ne me craignait
« pas, comme il l'a dit, il avait quelque tort à cela. Je l'aurais
« renvoyé dans son pays plus petit qu'il n'est encore ». — Ces hâbleries, quoique suivies de platitudes vis-à-vis de celui qu'il insultait, valurent peu après à ce « tranche-montagne » le bâton de maréchal.

une destruction certaine si son chef persistait à ne pas se reconnaître définitivement vaincu ! Hélas, ces régiments si fiers d'allure quelques semaines auparavant, si confiants dans l'avenir, n'étaient plus alors que des hordes en guenilles, torturées par la faim. « Pour toute nourriture, les
« soldats ne recevaient qu'une poignée de riz et
« souvent pour boisson une eau bourbeuse et
« saumâtre. Véritables spectres ambulants, — a
« dit un témoin oculaire, — ils souffrent sans se
« plaindre[1]. »

Tel était l'ennemi que voulait « châtier » le général Maison. Heureusement pour l'honneur du nom français, Mohammed Ali comprit que la ténacité de son fils ne pouvait plus avoir d'autre résultat que l'anéantissement des derniers bataillons égyptiens et il lui enjoignit de renoncer à tout projet sur la Grèce, qu'il fallait se résigner à voir échapper au pouvoir ottoman. Ibrahim était trop respectueux de la volonté paternelle pour ne pas s'y conformer sans hésitation. La sagesse du vieux pacha sauvait d'une tache ineffaçable le nom de notre général qui, renonçant à « raccourcir » le prince égyptien, comme il en avait manifesté

---

1. *Station du Levant*, T. II, p. 267.

le désir, le fit assister solennellement au défilé de ses troupes et le retint à dîner !

Je ne puis mieux terminer ces notes qu'en citant une observation du commandant de la frégate « la *Circé* », M. Duval d'Ailly. Reçu par Mohammed Ali et Ibrahim quelques jours après le rapatriement des Egyptiens, cet officier crut remarquer une certaine contrainte dans leur accueil. Ibrahim surtout lui parut un peu « froid ». Qui sait ! peut-être M. Duval d'Ailly s'attendait-il à ce que ses hôtes lui fissent de chaleureux compliments au sujet de Navarin.

Jeudi, 7 novembre 1895.

CONCLUSION

Est-ce bien le mot « conclusion » que j'aurais dû employer en tête de redites qui, s'il plaît à Dieu, viendront plus d'une fois encore sous ma plume! L'intention nettement exprimée de ne pas m'en tenir à ces seules pages pour défendre la cause que Renan appelle « le second événement de l'humanité » rendrait en effet le terme impropre. Aussi ne s'applique-t-il qu'à la courte période dont j'ai tenté d'esquisser les principaux traits et non à l'immense mouvement qui fit comme une trouée de lumière et de vie, dans l'atmosphère épaisse du moyen âge. Cette évolution est encore mal comprise et le grand écrivain que j'ai nommé, absorbé par ses études exclusives, ne plaça pas à son vrai rang, celui dont le verbe dominateur eût sur la marche du genre humain une plus grande action que la parole de Jésus!

Parmi nous, en dépit de la disparition apparente des préjugés religieux, le « Musulman » n'est guère mieux connu que ne l'était le « Sarrasin » des lourds compagnons de Charles Martel, et lorsque la vieille question d'Orient est discutée, voit-on infailliblement quelqu'un s'indigner contre la présence en Europe de « Mahométans qui doivent repasser le Bosphore »... Un simple pourquoi? il est vrai, suffit pour embarrasser cet occidental convaincu. Généralement il y répond par un ou plusieurs « parce que » suivis quelquefois de l'aphorisme suivant : « Les Turcs sont des Asiatiques, qu'ils retournent chez eux!

On pourrait demander à l'ennemi de l'Asie d'où il pense que soient venus ses ancêtres, et si, dans son esprit, les Gaulois et les Celtes étaient sortis tout armés des eaux de la Seine ou de la Loire? Mais cette observation en ferait naître beaucoup d'autres qui ne rapporteraient à leur auteur qu'un brevet de pédantisme. Mieux vaut donc, le cas échéant, ne pas relever les appréciations d'ignorants qui resassent des idées toutes faites, malheureusement accréditées. Ce sont ces idées si aisément et si souvent formulées que j'ai pris à cœur de combattre de toutes mes forces. Et maintenant puissé-je me faire écouter de ceux pour qui l'Histoire a plus d'intérêt et montre mieux le fond du cœur humain, que les romans naturalistes ou à prétentions psychologiques, de quelque nom fussent-ils signés !

APPENDICE

CHAPITRE PREMIER

LES PHILHELLÈNES

Le Général Normand.

Le général Normand débarqua à Navarin au mois de mars avec quarante officiers ou sous-officiers de différentes nations. Peu de temps après son arrivée dans cette ville, il la défendit avec le secours des seuls Européens contre les Turcs. Il est peu après nommé commandant en chef de l'armée confédérée et chef de l'état-major général, qui se composait de cinq officiers. Le général, ainsi que les autres officiers qui se trouvaient déjà à Corinthe, au nombre de deux cents, ne consentirent à partir pour la Roumélie que quand on leur aurait payé leurs appointements. Ces officiers, dénués de ressources, avaient vécu misérablement à Corinthe avec une ration de mauvais pain et 26 paras (52 centimes) par jour que le gouvernement donnait à chacun d'eux. Ils vendaient leurs effets ainsi que leurs armes pour subvenir à leurs besoins ; heureux celui qui trouvait à se défaire de quelque vêtement! Il s'en trouva plusieurs qui, fatigués d'une existence si malheureuse et sans espoir de retourner dans leur patrie, préférèrent se donner la mort pour ne pas mourir de misère ainsi que c'était arrivé déjà.

C'est avec ces officiers de toutes armes et de toutes nations, presque continuellement en dispute entre eux, que le général Normand et le prince Mavrocordato partirent pour la Roumélie au mois de juin dernier.

LA MELLERIE.

A bord de la « Jeanne d'Arc », 18 août 1829.

LES GRECS LATINS.

Les Grecs latins, dit l'amiral de Rigny, répandus dans quatre ou cinq îles, sont partout détestés et molestés par les autres Grecs. Cette animosité entre deux rites ne s'est point amortie depuis l'insurrection grecque, de laquelle, d'après leur position et leurs ressentiments, les Latins se sont tenus écartés. Le clergé catholique, quelquefois fort supérieur en lumière comme en morale au clergé grec, ne dissimulait pas son désir de voir triompher les Turcs dans la lutte qui s'était engagée.

A bord du *Trident*, à Smyrne, 30 novembre 1827.

Pouqueville.

Cet historien fielleux, qui avait voué une haine implacable à l'Islam, pour les mésaventures auxquelles son nom doit une demi-célébrité, venait de recevoir l'ordre du sous-diaconat, au séminaire de Lisieux, lorsque la Révolution rendit la carrière ecclésiastique impossible à tous ceux que ne soutenait pas une conviction absolue. Pouqueville eût été un abbé de cour passable et rien de plus. Voyant cette perspective détruite, il jeta le froc aux orties et se rendit à Paris. On le retrouve peu après étudiant en médecine, puis il fait partie de l'expédition d'Égypte comme membre de la Commission des sciences et des arts. Dans ce milieu, ses talents sont tellement appréciés qu'on lui donne amicalement le conseil de retourner en France au plus vite et il s'embarque sur une tartane livournaise que des corsaires de Tripoli capturent quelques heures après sa sortie du port d'Alexandrie. Débarqué sur les côtes de Morée, il est conduit à Tripolitza où il reçoit le meilleur accueil du gouverneur Moustapha Pacha qui croit se trouver en présence d'un médecin distingué. Malgré cela, au printemps suivant, il est transféré à Constantinople où il prétend avoir passé deux années captif au château des Sept-Tours. On doit supposer que cette captivité ne fut pas bien pénible puisqu'il put employer ses loisirs à composer des apologues orientaux et des poésies qui trouvèrent plus tard quelques admirateurs.

De retour en France, il publie un voyage en Morée et à Constantinople qui lui vaut la place de Consul général auprès d'Ali Pacha Tébélenli. En 1815, la politique de celui-ci devenant hostile à la France, il quitte Janina et se fixe pour quelque temps à Patras. Enfin, désireux de mettre en ordre ses notes et de les publier, il revient à Paris où, quelques années plus tard, il fait paraître l'Histoire de la Régénération de la Grèce.

Reconnaissance des Grecs.

Tous les efforts du philhellénisme n'empêchèrent pas les Grecs de se plaindre de l'indifférence et de l'ingratitude (!) des Européens à leur égard. Ils s'en plaignirent amèrement aux officiers de la division américaine.

« Américains, — leur écrivirent-ils vers la fin de 1821,
« — vous êtes nos amis, nos compatriotes, nos frères,
« parce que vous êtes justes, humains, généreux.....
« Citoyens des États-Unis, c'est à vous à couronner cette
« gloire en nous aidant à délivrer la Grèce des barbares
« qui la souillent depuis quatre siècles. Vous ne man
« querez pas de remplir le devoir du monde civilisé, de
« bannir l'ignorance et la tyrannie de la terre classique
« des arts et de la liberté. Non, vous n'imiterez pas la con-
« damnable indifférence et la longue ingratitude de quel-
« ques Européens! Non, le peuple des Guillaume, des Was-
« sington (*sic*), des Franquelin (*sic*) ne refusera pas son
« secours aux descendants des Trasibule, des Phocion et
« des Philopœmen. »

CHAPITRE III

LES ORIGINES DU SOULÈVEMENT.

Ali Pacha.

1. « Jamais physique ne fut plus trompeur que le sien. Ceux qui l'ont vu en 1804, écrit l'amiral Jurien de la Gravière, abusés peut-être par l'activité de ses allures et par la

vivacité de son regard, lui donnèrent alors de cinquante à cinquante-cinq ans. Il était déjà très chargé d'embonpoint, et la longue barbe blanche qui lui descendait jusqu'à la poitrine, l'eût fait prendre, quand il était accroupi sur ses riches coussins de velours, pour le plus placide des patriarches. Son air franc et ouvert, le son argentin de sa voix, la simplicité familière de ses discours, contribuaient encore à augmenter l'illusion. »

2. L'amiral prétend qu'à la lecture de cette sentence qui le déclarait excommunié, Ali n'eut qu'un sourire de dédain et conserva tout son calme. Pouqueville, au contraire, affirme qu'il fut envahi d'une profonde terreur, car la veille même, ouvrant au hasard le Coran, il serait tombé sur ce passage :

« As tu vu celui qui n'ajoutait pas foi à nos enseigne-
« ments et qui disait : j'aurai des richesses et des enfants.
« — Connaît-il les choses cachées, ou bien a-t-il stipulé
« avec Dieu qu'il en fût comme il dit. — Certes nous ins-
« crirons ses paroles et nous accroîtrons son supplice. —
« C'est nous qui hériterons de ses biens, et lui, il compa-
« raîtra devant nous dépouillé de tout et tout nu. » *Koran, soura 19. Versets 80-81-82-83.*

Orientales.

La vieille barbarie asiatique n'est peut-être pas aussi dépourvue d'hommes supérieurs que notre civilisation le veut croire. Il faut se rappeler que c'est elle qui a produit le seul colosse que ce siècle puisse mettre en regard de Buonaparte, si toutefois Buonaparte peut avoir un pendant; cet homme de génie, Turc et Tartare, à la vérité, cet Ali Pacha qui est à Napoléon ce que le tigre est au lion, le vautour à l'aigle.

Victor Hugo.

CHAPITRE IV

LES PREMIERS MASSACRES.

Il n'y a là de ma part ni parti pris ni exagération. Pour s'en convaincre on n'a qu'à lire les lignes suivantes que je copie dans la « Station du Levant », chapitre VI. (Il ne faut pas oublier que je cite un défenseur passionné de la cause grecque) :

« Les propriétaires Timariotes se virent subitement atta-
« qués et attaqués sur tous les points à la fois ; ils furent
« frappés sans merci, dépouillés sans remords. En moins
« d'un mois une population de vingt mille âmes avait dis-
« paru. L'extermination, assure-t-on, fut préméditée ; elle
« entrait dans les plans et dans les calculs de l'hétairie.
« Hommes, femmes, enfants, l'éruption du volcan n'avait
« rien épargné. Trois mille fermes au moins étaient
« réduites en cendres, des villages naguère florissants
« n'offraient plus que des monceaux de ruines, et sur ces
« débris les Klephtes agenouillés unissaient leur voix à
« celle des popes pour célébrer un si rapide et si complet
« triomphe ».

Tout cela, bien entendu, enthousiasme M. Pouqueville :
« Séparés de leurs oppresseurs, s'écrie-t-il, les Grecs ne
« reconnaissant plus d'autre maitre que le Rédempteur,
« ne virent désormais que sa main divine étendue sur leurs
« têtes. Le sacrifice non sanglant de l'agneau n'était plus
« offert par ses ministres qu'au Dieu des armées ; et le

« clergé, jusqu'alors consolateur timide des opprimés, se
« trouva sans y penser à la tête de l'émancipation de la
« Hellade. Des croix furent plantées à l'entrée de tous les
« défilés, aux sommets des montagnes et les Phocidiens,
« accordant leurs lyres belliqueuses sur le mode dorien,
« conservé parmi eux, firent tressaillir les échos du Par-
« nasse et du Cithéron des strophes terribles du Thessa-
« lien Rhigas, qui semblaient improvisés de la veille pour
« les événements nouveaux. »

Et plus loin il ajoute, approuvant toujours ses chers
Hellènes : « Les Grecs attellent des femmes turques à la
« charrue et les obligent à labourer, il mettent des hommes
« sous le joug et les frappent... Il était plus cruel, écrivit-il
« encore, pour les beys eux-mêmes, longtemps seigneurs de
« cette contrée, de la savoir labourée par les Turcs, livrés
« au bras séculier des femmes de Sainte-Vénérande, qui
« les attelaient au joug et les excitaient avec les aiguillons
« qu'on emploie pour les bœufs à tracer des sillons que
« les sueurs de leurs tyrans fertilisaient pour la première
« fois. »

CHAPITRE X

DANS L'ARCHIPEL

Du baron des Rotours, 18 février 1821.

Les bâtiments grecs sous pavillon russe sont partout
insolents et provocateurs. J'ai été forcé nombre de fois de
tirer sur des bâtiments montés par des hommes de cette
nation et qui résistaient à une première sommation d'ar-

borer leurs couleurs. Mais ils cèdent facilement à la moindre apparence de fermeté, quoique souvent **armés d'une artillerie assez nombreuse et très forts en équipages.** — *Les Turcs, au contraire,* sont toujours disposés à nous faire les premières avances, non que leur orgueil fléchisse devant les prétentions que nous pourrions émettre, **mais par un sentiment de bienveillance qu'ils conservent toujours pour nous.** Je n'ai eu qu'à me louer de leurs procédés publics et privés dans le cours de ma station.

Le commandant Drouault, que je n'ai pas eu l'occasion de citer, n'est pas moins catégorique que ses collègues.

« Je crains, Monseigneur, — écrit-il au ministre de la marine, — d'avancer une vérité en affirmant que les gouvernements de l'Europe auront un jour à regretter d'avoir abandonné aux Grecs les îles de l'Archipel. Ces insulaires se conduisent en vrais brigands, ayant entièrement abandonné l'industrie et l'agriculture et se livrant au pillage des bâtiments de commerce appartenant à des nations dont-ils n'ont pas à redouter la marine militaire. »

CHAPITRE XVI

Voici la fin du rapport que le commandant Pujol expédiait à l'amiral de Rigny au sujet de son entrevue avec Ibrahim. « Pendant ce discours, qui est aussi exactement
« que possible la substance de celui qu'il m'adressa, je ne

« pris la parole que pour lui donner mon opinion sur l'of-
« fense que l'amiral anglais prétendait avoir reçue et
« pour lui demander s'il n'attribuait pas cette attaque à la
« sortie qu'il avait faite pour protéger son convoi et par
« laquelle il était censé avoir violé l'armistice, mais il
« répondit que, dans la conférence qu'il avait eue avec
« les amiraux, il avait été prévu qu'il pourrait approvi-
« sionner Patras et que sans doute on ne pouvait penser
« raisonnablement qu'il irait expédier un convoi sans
« escorte, les alliés l'ayant même prévenu qu'ils ne pou-
« vaient le garantir d'une attaque des Grecs. Enfin qu'il
« ignorait entièrement la cause de ce qui s'était passé et
« que les amiraux ne la lui avaient pas fait connaitre. Il
« me dit aussi que l'amiral français lui avait écrit deux
« jours avant l'affaire, mais qu'on n'avait daigné attendre
« ni sa réponse ni son retour et, malgré toute diligence,
« qu'il n'avait pu être à Navarin que le cinquième jour
« après le combat et quatre heures après le départ des
« alliés, qui sont restés cinq jours à Navarin à se réparer
« et en sont sortis tranquillement sans qu'il leur fût tiré
« un coup de fusil. Enfin, après quatre heures de conver-
« sation pendant laquelle il fut encore question de diffé-
« rentes choses que je ne puis rapporter ici, je pris congé
« du Pacha qui ne cessa de me témoigner qu'il conservait
« toujours la même amitié pour les Français et qu'il se
« plaisait à n'attribuer le tout qu'à la politique machiavé-
« lique des Anglais, qui ont toujours l'attention, dit-il,
« d'envoyer des forces très supérieures quand ils prémé-
« ditent quelque expédition. »

Extrait du livre de M. Vingtrinier.

La remarquable étude de M. Aimé Vingtrinier sur Soliman Pacha nous montre que, malgré tous ses efforts, Ibrahim ne put jamais conserver son calme lorsqu'un fait, une allusion quelconques, le ramenaient brusquement à la question grecque. A Paris, où il vint en 1846, on eut le mauvais goût d'attirer son attention sur le célèbre tableau d'Eugène Delacroix « les massacres de Chio ». « Il rappela, « dit M. Vingtrinier, non sans justice mais avec colère, que « les Grecs avaient commencé en donnant l'exemple des « cruautés les plus atroces et les plus inutiles. Brûler vifs « des femmes et des enfants; atteler des femmes à des « charrues, n'était guère le fait de gens civilisés. Il sortit « du Musée profondément irrité, jeta un coup d'œil sur le « jardin du Luxembourg et rentra chez lui, mécontent de « sa visite. »

Quelques semaines plus tard, à Londres, il assistait à une distribution de prix, donnés par la Société Royale des Arts, où il se trouva en présence de l'amiral Codrington. Celui-ci, auquel le tact manquait absolument, lui dit sans autres formes, à propos de Navarin, qu'il ne devait plus se souvenir d'une journée malheureuse pour l'Égypte et la Turquie, journée dans laquelle chacun d'ailleurs avait fait son devoir.

Ibrahim pâlit, continue l'historien que je viens de citer, ses yeux reprirent leur éclat si difficile à soutenir, et d'une voix altérée il répondit : « Le passé est oublié, mais pourquoi rappeler de pareils événements? Un proverbe arabe ne dit-il pas « Ne rappelle pas à ton hôte ses malheurs »?
— Là-dessus il sortit, accompagné d'un tonnerre d'applaudissements qui semblaient protester contre la maladresse de l'amiral. »

RÉGÉNÉRATION

Aujourd'hui, après soixante ans d'indépendance complète, quels résultats ont été obtenus en Grèce par le libre exercice de toutes les facultés? Quels poètes, quels savants, quels artistes, quels philosophes sont éclos de cette régénération dont on attendait tant. Les noms venus jusqu'à nous, à part ceux de quelques politiciens, sont des noms de bandits affiliés à des magistrats et à des officiers. Je n'emprunterai rien au petit chef-d'œuvre ironique d'Edmond About « la Grèce contemporaine », car il mérite d'être lu de la première à la dernière page, et d'ailleurs il se fait vieux déjà, mais c'est avec un vrai plaisir que je transcris en partie une « lettre de Grèce », datée du 8 octobre 1894 et publiée le 13 du même mois dans le *Journal des Débats*.

« *Finita la commedia*, tel a été le cri de toutes les cons-
« ciences, en écoutant l'arrêt prononcé par le Conseil de
« guerre, réuni le 5 de ce mois pour juger les 86 officiers de
« la garnison d'Athènes, coupables d'avoir, le 1er septembre
« dernier, comme le dit l'acte d'accusation « attaqué et
« détruit, avec préméditation, les bureaux du journal
« l'*Acropolis* », ses ateliers de composition, ses ateliers de
« machines et le domicile privé du directeur du susdit
« journal, crime prévu par les articles 240 du code mili-
« taire et 57 du code pénal. »

« Le Conseil de guerre, à l'unanimité, a acquitté les
« 86 coupables, bien que leur délit, nettement caractérisé,
« fût reconnu par eux-mêmes. Le Tribunal n'a tenu
« compte ni de l'esprit, ni de la lettre de la loi; il a
« déclaré les 86 officiers innocents comme l'enfant qui

« vient de naître. On a beau être de sang-froid, on a beau
« réprouver et le ton et la ligne de conduite du journal
« l'*Acropolis*, on ne peut s'empêcher de trouver mons-
« trueux le jugement rendu par le Conseil de guerre.

« Il a été beaucoup question, pendant les débats, des
« articles injurieux, offensants pour l'armée, le patrio-
« tisme, l'hellénisme, etc. Je ne puis m'empêcher de vous
« traduire un des passages les plus incriminés, cité par
« le commissaire royal. C'était à l'occasion d'une agression
« d'officiers contre des particuliers dans un lieu public.

« L'*Acropolis* disait : « Ces faits scandaleux se sont renou-
« velés souvent, mais personne n'a voulu prêter attention,
« personne n'a songé à déraciner dans l'esprit du corps des
« officiers l'habitude d'attaquer les citoyens, uniquement
« parce qu'ils portent un uniforme, une épée et des bou-
« tons dorés. Personne ne l'a fait, ni le roi, ni le ministre,
« ni le major, ni le caporal. Après tant de têtes de
« citoyens ouvertes, tant de côtes enfoncées; après tant de
« bastonnades, combien de galons a-t-on vu arracher ?
« Cependant ils sont légion, les officiers qui, s'étant con-
« duits ainsi, se sont vus condamnés par la justice hellé-
« nique comme indignes de porter une épée et un uni-
« forme. Combien le roi, qui est le chef suprême de
« l'armée, a-t-il fait venir de ces officiers devant lui, pour
« leur dire qu'ils étaient indignes de s'appeler officiers de
« l'armée hellénique ? »

« Les passages des articles en question ne sont, en fin
« de compte, que des commentaires un peu outrés de faits
« incontestés, qui se sont produits au vu et au su de tout
« le monde. S'il y a quelque chose d'injurieux et d'offen-
« sant au premier chef pour l'armée, c'est sans contredit
« la déposition du colonel Makri, devant la Cour d'assises
« de Larisse, lors du procès intenté au député Takis et à
« ses frères, pour complicité avec les brigands. Le colonel

« Makri a dit textuellement ceci : « Il est à ma connais-
« sance que plusieurs officiers et sous-officiers sous mes
« ordres s'entendent avec les brigands et leur rendent des
« services de toute sorte. » Le colonel Makri est encore
« en activité de service. »

Plus loin, le correspondant du *Journal des Débats* donne
un extrait de la défense d'un des officiers accusés ; le document est caractéristique : « Le journal l'*Acropolis*, dit-il,
« s'est toujours distingué par ses attaques, non seulement
« contre l'armée, mais contre l'État et les institutions du
« pays. Il a traité jadis les glorieux combattants, qui ont
« fait la révolution de 1821, de voleurs de chèvres et de
« pirates [1], les filles de l'Hellade de fausses vierges. Exas-
« pérés par ces attaques incessantes, les officiers, après
« plusieurs entretiens, résolurent de procéder à l'acte pour
« lequel nous sommes traduits devant vous. Si nous avons
« commis un crime, qu'on nous punisse ; mais nous avons
« la conviction qu'en agissant comme nous l'avons fait,
« nous avons rendu service au peuple, à l'État et à la
« patrie. » — « D'où il faut conclure que si le gouverne-
« ment n'était pas ingrat, il les décorerait tous. »

1. N'est-il pas étonnant de voir qu'un journaliste grec ait
jugé si sainement ses compatriotes : où diable la vertu......?

TABLE DES MATIÈRES

Avant-propos...	v
Préface...	ix
Chapitre premier. — Les philhellènes..................	1
— II. — Les Grecs sous la domination des khalifes. Les héros de l'indépendance...	23
— III. — Les origines du soulèvement............	37
— IV. — Les premiers massacres : Galatz, Yassi, la Morée..........................	57
— V. — Monembasia et Navarin..................	66
— VI. — Tripolitza...............................	78
— VII. — Les représailles à Constantinople......	89
— VIII. — Smyrne et Chio........................	96
— IX. — Les deux sièges d'Athènes..............	106
— X. — Dans l'Archipel..........................	130
— XI. — L'enseigne Bisson.......................	148
— XII. — Les Égyptiens...........................	154
— XIII. — Ibrahim en Morée......................	179
— XIV. — Missolonghi.............................	185
— XV. — Navarin.................................	203
— XVI. — Après Navarin. — Protestations d'Ibrahim.................................	221
— XVII. — La piraterie grecque en 1827.........	236
— XVIII. — Dernières hostilités. — Le général Maison et Ibrahim..................	241
Appendice..	251

COULOMMIERS

Imprimerie PAUL BRODARD

www.ingramcontent.com/pod-product-compliance
Lightning Source LLC
Chambersburg PA
CBHW050643170426
43200CB00008B/1141